特長と使い方

～本書を活用した大学入試対策～

□ **志望校を決める（調べる・考える）**

入試日程、受験科目、出題範囲、レベルなどが決まるので、やるべきことが見えやすくなります。

□ **「合格」までのスケジュールを決める**

基礎固め・苦手克服期…受験勉強スタート～入試の 6 か月前頃

・選択式・記述式など、さまざまな出題形式に慣れていきましょう。

・本文を読む際には、筆者の主張や登場人物の心情など、それぞれの文章のポイントを意識しましょう。

応用力養成期…入試の 6 か月前～ 3 か月前頃

・身につけた基礎を土台にして、入試レベルの問題に対応できる応用力を養成します。

・志望校の過去問を確認して、出題傾向、解答の形式などを把握しておきましょう。

・模試を積極的に活用しましょう。模試で課題などが見つかったら、『**大学入試 ステップアップ 現代文【基礎】**』で復習して、確実に解けるようにしておきましょう。

実戦力養成期…入試の 3 か月前頃～入試直前

・『**大学入試 ステップアップ 現代文【標準】**』で実戦力を養うとともに、過去問にも取り組みましょう。

□ **志望校合格！！**

◎例年出題される評論の主要なテーマ（文芸・社会・歴史・思想・言語など）はもちろん、近年世間の耳目を集めた本を出典とする問題も多く見られます。ホットなテーマにもアンテナを張りつつ、苦手ジャンルを作らないように、幅広い読書に努めましょう。

◎評論においては、**結論に至る筆者の論理展開にきちんと追従できるよう、各意味段落の論旨を明快なものとしておさえつつ、その妥当性について批判的に読む癖をつけましょう。**入試の評論では、主張そのものはシンプルでも込み入った議論が展開されることがあります。意識して能動的な読みを心がけるとともに、本文要約などの作業にも取り組み、そうした議論をまとめ上げる力を養っていきましょう（解答解説参照）。

◎小説や随筆などでも、出題される文章は論理的な解釈が可能なものに限られます。**細部の描写を丁寧に読み、筋道立った推察によって、登場人物の感情の機微を汲み取れるようにしましょう。**自己の感覚に頼った読解は避けること。

◎どのような種類の文章であれ、出題される文章量が増えていることもあり、正確かつ短時間で読み通すためにも**語彙力の強化は必須**です。また、例年共通テストだけでなく多くの私立大学において、**語句そのものの意味を問う問題が出題されています。**それらを取りこぼしなく正解できるようにするためにも、普段から語彙集なども利用して学習を進めていくようにしましょう。

～本書のしくみ～

本冊

見開き２ページで１単元完結になっています。

☆重要な問題
ぜひ取り組んでおきたい問題です。状況に応じて効率よく学習を進めるときの目安になります。

著者紹介
本文の著者に関わる内容を紹介しています。

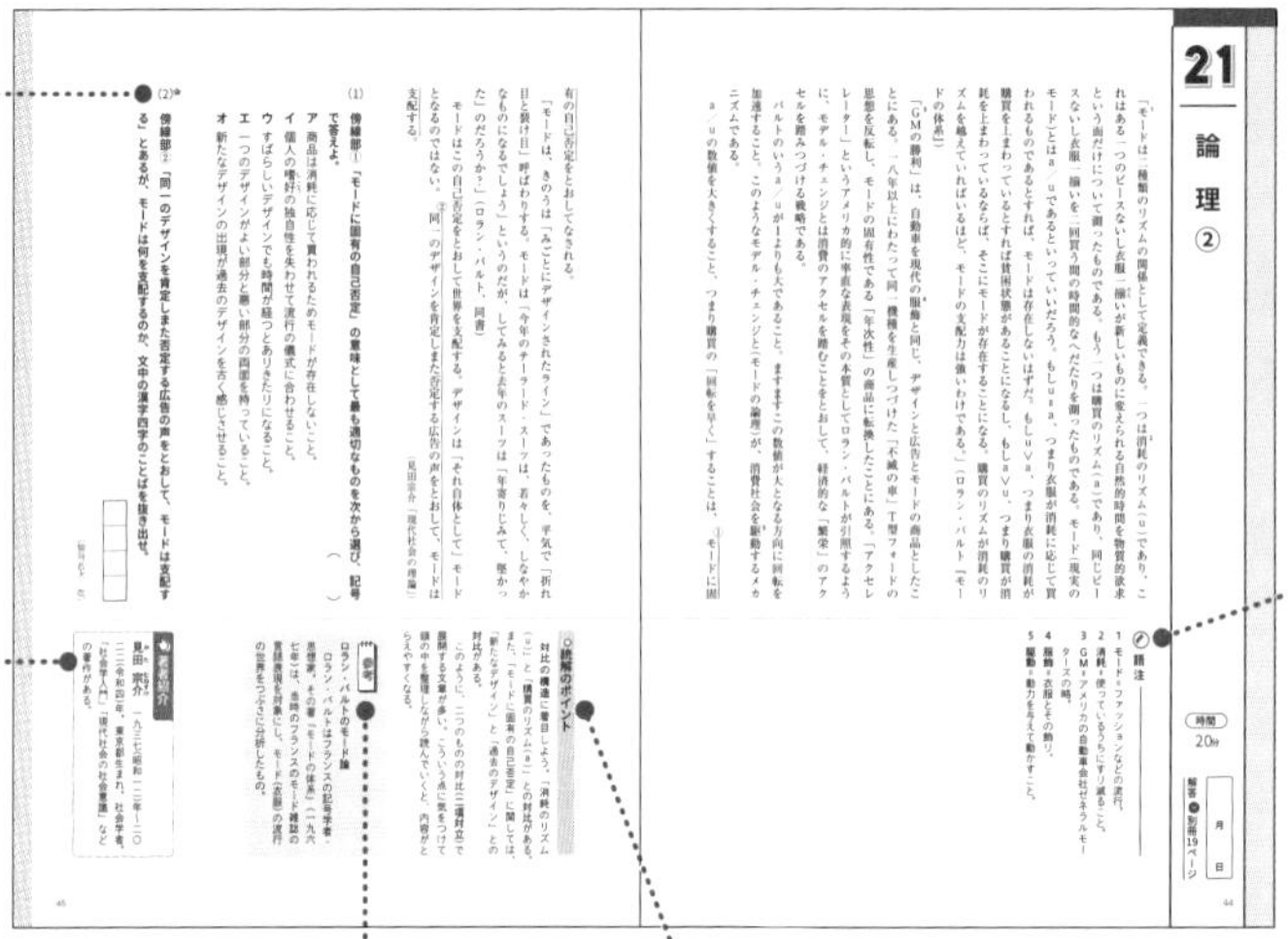

語注
文中に出てくる重要な言葉は、語注で意味を紹介しています。

参考
本文の内容に関わる補足事項を紹介しています。

○読解のポイント
本文の特徴などのポイントを紹介しています。

解答・解説

ポイント
本文の流れや要点などを紹介しています。

要約
評論文や論説文では本文の要約を紹介しています。

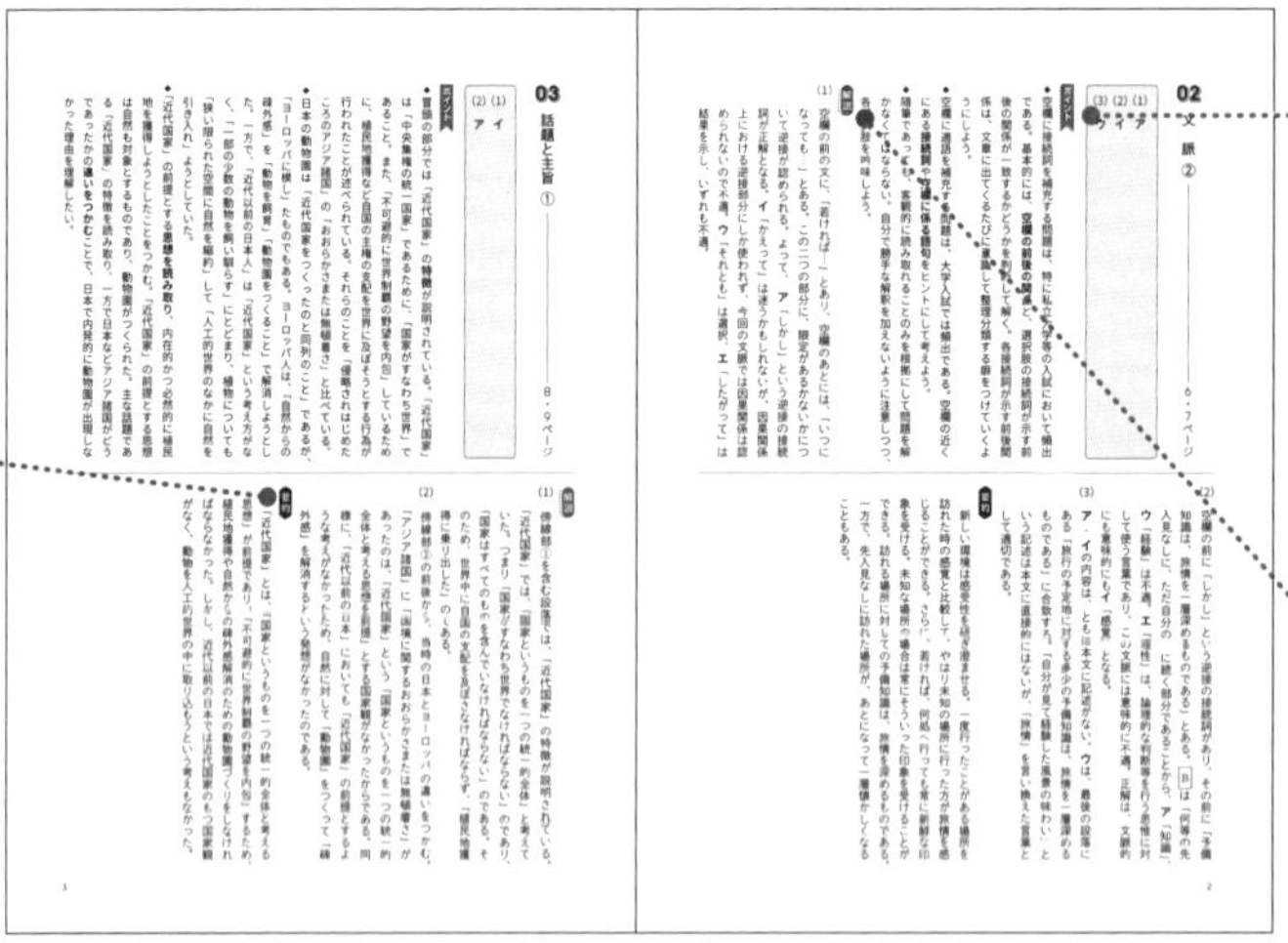

解説
解答を導く方法などを丁寧に解説しています。

本書の活用例

◎何度も繰り返し取り組むとき、１巡目は全問→２巡目は１巡目に間違った問題…のように進めて、全問解けるようになるまで繰り返します。

◎ざっと全体を復習したいときは、各単元の☆だけ取り組むと効率的です。

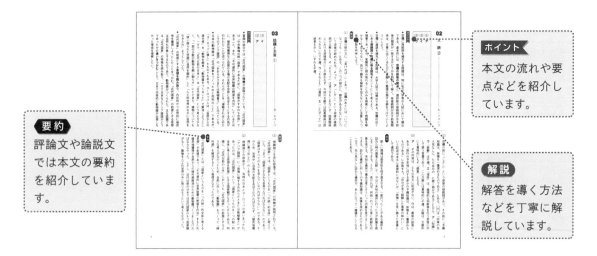

目　次

本書に関する最新情報は、小社ホームページにある**本書の「サポート情報」**をご覧ください。（開設していない場合もございます。）

なお、この本の内容についての責任は小社にあり、内容に関するご質問は直接小社におよせください。

01 文脈①

時間 20分

解答 別冊1ページ

月　日

「寵妃《ちょうひ》エメ[1]は、トプカピ宮殿[2]の中にいる時も外に出る時も、宝石はただ一つしか身につけなかった。そして、彼女の所有する見事な宝石類は、大きな銀盆に山と盛られ、妃のすぐ後につき従う奴隷女が捧《ささ》げ持っていくのである。

人々は、それを見て、やはりフランス生《うま》れはちがう、と感嘆するのだった」

こういうのをセンスが良いというのならば、①私にも決して不都合ではない。だが、宮殿の中はともかくとして、外出時は、四辺を堅く閉ざした輿《こし》に乗っていくのである。中に坐《すわ》るエメの姿は誰も見ることができず、人々の眼《め》にふれるのは、宝石を山盛りした銀盆を捧げて輿の後に続く、奴隷女だけなのだ。フランス女の心意気を貫くのも、宝石の質と量では世界一であった当時のトルコでは、並たいていのアイデアでは効果がなかったのであろう。だが、それにしてもユーモラスで、微笑をさそわれる。

私は、宝石に興味を持ったことがない。一度だけ良いなと思ったものが、十五年前の値で二千万円して、とうてい手のとどく品ではないと早々にあきらめてしまったためもある。だが、それよりも、宝石だけをこれでもかこれでもかというように盛りあげる、つくり方が気に入らないのである。（中略）

それで、夫にはまことに幸いなことに、私の無関心はだいぶ長く続いたのであった。中世以来の金細工の伝統を持つフィレンツェに住んでいても、終戦後のアメリカ人の観光客目当てで、かつての繊細な技術は、アメリカ人好みの下品な派手さに追従していたから、ポンテ・ヴェッキオ[3]の両側に並ぶ店の前も、さっさと歩調も乱れずに往《ゆ》き来できたのであった。

②歩調が乱れたのは、イスタンブールを訪れた時である。トプカピ宮殿の宝飾の展示を、通常の取材以上の熱心さで見て歩いたのがまずいけなかった。そして、その後で、グラン・[4]

語注

1 **寵妃エメ**＝オスマン帝国の皇帝の後宮で、皇帝から特別に愛された妃。

2 **トプカピ宮殿**＝十五世紀後半から十九世紀中頃までの間、オスマン帝国の皇帝が居住した。

3 **ポンテ・ヴェッキオ**＝ヴェッキオ橋。フィレンツェ最古とされる橋。

4 **グラン・バザール**＝イスタンブール中心部にある、巨大な屋根付き市場。

バザールも取材したからなお悪い。宝石には無関心であった私が、ここではじめて、宝飾の素晴らしさに眼を見張る。（中略）

宝飾は、ただただ身を飾りたいの一心でつけるものだから、眺めるだけでも愉《たの》しい。もちろん、宝石を土台にしてつくるものなので、宝石にもそれなりの値がつくにはちがいないが、売る段になって高く値ぶみされない細工に凝《こ》るのだから、投資として考えるならば、これほど割に合わないものはない。割に合わないものにお金をかけるところが、気に入ったと言えば言えないわけでもないのだが。

（塩野七生「宝石と宝飾」）

(1) 傍線部①「私にも決して不都合ではない」とあるが、これは何を指してそう言うのか。最も適切なものを次から選び、記号で答えよ。（　　）

ア フランス生れはセンスが良いこと。　**イ** 宝石を奴隷女に運ばせること。
ウ 宝石を一つだけ身につけること。　**エ** 宝石をたくさん所有すること。
オ 宮殿の中でも外でも宝石を身につけること。

(2) 傍線部②「歩調が乱れた」とあるが、なぜか。最も適切なものを次から選び、記号で答えよ。（　　）

ア トプカピ宮殿の展示品が学術的に興味深く、取材に熱心になりすぎてしまったから。
イ グラン・バザールが迷路のように複雑で、取材中に道に迷いそうになったから。
ウ イスタンブールの宝飾を見て、財産や投資になる宝石の価値に気がついたから。
エ 見慣れたフィレンツェのポンテ・ヴェッキオと違って、見るものすべてが珍しかったから。
オ トプカピ宮殿とグラン・バザールの宝飾を見て、その素晴らしさに心を奪われたから。

［三重大―改］

○読解のポイント

文脈とは流れである。文章を読む際はそれぞれの部分で何が述べられているのかをつかみ、あとの部分にどのように続いていくのかを意識しながら**筆者の考え**を読み取る。

本文では、最初に「宝石の質と量では世界一であった当時のトルコ」で寵妃エメが「フランス女の心意気を貫く」ためにとったと思われる、宝石の身につけ方について述べられている。

その次に、エメの宝石に対する態度が「不都合ではない」と筆者の宝石に対する考えが述べられている。ここで、筆者が「宝石に興味を持ったことがない」と述べている点に注目したい。「歩調が乱れたのは」以降の部分では、「宝石に興味を持ったことがない」という筆者の考えがどのように変化したのかが描かれている。

著者紹介

塩野《しおの》 七生《ななみ》　一九三七（昭和一二）年～。作家。イタリアの歴史を題材とした作品で知られる。「チェーザレ・ボルジアあるいは優雅なる冷酷」での毎日出版文化賞をはじめ、「ローマ人の物語Ⅰ」（新潮学芸賞）など多数の受賞歴がある。

02 文脈 ②

時間 20分

月　日

解答 別冊2ページ

私は小学校の三年生の頃に、一夏、信州の山田温泉に伯父に連れられて長く滞在したことがある。なぜ父ではなく伯父とそこで暮したのか、恐らく海軍の軍人だった伯父が健康を害して休養を取る時に、私を一緒に連れて行ってくれたものだろう。私は既に母を喪っていたし、その前の年に九州から父と共に上京して来たのだから、新しい環境はいつも私に旅情[1]を感じさせていたかもしれないが、この山田温泉での一夏が私の幼い感受性を研ぎすましたことは間違いない。粗末な宿屋が数軒並んでいるだけで、雷滝《かみなりだき》の方へ散歩に行くと百合や桔梗《ききょう》などの草花が咲き乱れていた。私は退屈もせずに暮していたが、遊び友達もなく、また遊び道具もなくて、伯父と二人きりどんな気持で日を送っていたのだろうかと思う。心細くて、しかしその心細さが人生の本質であるような気持が既に働いていたのかもしれない。

昨年の初秋、私は友人とともに再びそこに行ってみた。須坂からタクシイを傭《やと》い、その車が山道を登って行き、やがてここが山田温泉だと言われた時に、立派な宿屋が立ち並んでいて私の記憶とはあまりに違っていた。私はそこを素通りして、谷川の流れに沿ってその上流にある五色の湯というのに泊った。一軒きりの宿は素朴で、子供の頃の山田温泉の面影を残しているような気がした。次の日霧雨の降る中を坂道をくだり、雷滝を見に行ったが、古い記憶が一時に甦って、幼い日の自分をまざまざと見るようだった。三十年以上の歳月が既に経っていた。

曽遊の地にはそれなりの感慨[2]があるとしても、初めての土地に行くに越したことはない。旅はやはり未知の場所を選んで試みるべきものだと思う。若ければ何処へ行っても初めてなのだし、そのことは常に新鮮な印象を与えてくれるだろう。[A]未知な場所はいつになっても必ず残っている。私は一度も日本海を見たことがなく、六年ほど前に初めて山陰に旅行

語注

1 **旅情**＝旅の中で出会う風景や人々との交流などで味わうことができる心情。
2 **感慨**＝しみじみと心に湧いてくる特別な思い。
3 **歌枕**＝和歌の題材となっている場所。

した。その時私は石見大田《いわみおおだ》の高等学校の文化祭のために講演をたのまれ、日頃から人前で喋るような仕事は絶対に断ることにしていたのに、その時ばかりは日本海を見たい一心でつい引き受けた。私は妻を連れておっかなびっくりで出掛けたが、約束の講演が終るまでは地面に足がつかない心地だった。その代り厭な仕事が済んだあと、石見の波根《はね》の海岸や、また出雲の稲佐《いなさ》の浜で見た日本海の印象は、いまだに忘れがたい。稲佐の浜というのは、高天原《たかまのはら》から派遣された建御雷神《タケミカズチノカミ》が、大国主神《オオクニヌシノカミ》の子の建御名方神《タケミナカタノカミ》と力くらべをした神話の土地である。

神々も疲れて海を眺めけむ
　日はしらじらと波間を照す

私は戯れに腰折を一首つくったが、秋風の爽かに吹きすぎる海は、思いのほか明るかった。旅行の予定地に対する多少の予備知識は、旅情を一層深めるものである。しかしまた何等の先入見なしに、ただ自分の[B]だけをたよりに見聞して来た場所が、後になって例えば万葉集の歌枕[3]であると分ったような時に、その場所が一層懐かしくなることはある。

（福永武彦「遠くのこだま」）

(1) **[A]に入る語句として最も適切なものを次から選び、記号で答えよ。**（　　）
ア しかし　**イ** かえって　**ウ** それとも　**エ** したがって

(2) **[B]に入る語句として最も適切なものを次から選び、記号で答えよ。**（　　）
ア 知識　**イ** 感覚　**ウ** 経験　**エ** 理性

(3)☆ **本文の内容に合うものとして最も適切なものを次から選び、記号で答えよ。**（　　）
ア あえて少ない資金で出かけ、日常生活にはない困難を経験し、精神修行することに旅の意義が存在する。
イ 以前訪れた場所でも見どころは残っているものであり、進んで訪れるべきである。
ウ その土地にまつわる伝説や文学を知ることは、自分が見て経験した風景の味わいをより深くする。

〔京都橘大－改〕

○ 読解のポイント

本文は論理的に主張を組み立てる文章というよりも、**筆者が体験したこと**に加えて、**感想**を書いていく**随筆タイプ**の文章である。

このような文章をもとにした設問では、選択肢の内容などが実際に本文に書かれているのかどうかを確認することがポイントとなる。

評論文を読んでいる時と同様に、または、それ以上に、客観的に冷静に書いてあることを追って読み進めていこう。

著者紹介

福永《ふくなが》 武彦《たけひこ》　一九一八(大正七)年～一九七九(昭和五四)年。福岡県生まれ。小説家・詩人。中村真一郎らとともに、文学研究グループ「マチネ・ポエティク」を結成した。代表作に「風のかたみ」「ゴーギャンの世界」などがある。

03

話題と主旨 ①

時間 20分

月　日

解答 別冊3ページ

　近代国家とは、各地に権力が分散されていた封建国家とは異なって、中央集権の統一国家である。ということは、国家というものを一つの統一的全体と考える思想を前提としており、国家がすなわち世界でなければならない。そして、国家が世界である以上、国家主権は他の容喙《ようかい》[1]を許さぬ絶対的なものでなければならず、国家はすべてのものを含んでいなければならない。この意味において、近代国家は、近代国家であるかぎりにおいて、不可避的に世界制覇の野望を内包している。近代国家が植民地獲得に乗り出したのは、①内在的に必然的な運動であった。それは、植民地を搾取して利益を得るためというよりは、自国の主権下に全世界を従属[2]させるためであった。近代国家の植民地獲得の運動がある限界内にとどまったのは、同じく植民地獲得をめざす他の近代国家、あるいは相手国との衝突のためでしかなく、どの近代国家も、もし可能であったなら、全世界を征服したかったであろう。また、近代国家が国境に神経質なのも、そこに理由があるであろう。国家の領土が一部でも侵害されれば、完結した世界としての国家のその完結性が崩れるのである。それは、ヨーロッパ諸国に侵略されはじめたころのアジア諸国の、国境に関するおおらかさまたは無頓着さと際立った対照をなしている。中国は、はじめ、北方のどの辺までが自国領土であるかの明確な認識をもっていなかった。（中略）

　日本がヨーロッパに模して動物園をつくったのは、同じくヨーロッパに模して近代国家をつくったのと同列のことであり、②なぜ日本に動物園が内発的に出現しなかったかの問題は、なぜ日本に近代国家が内発的に出現しなかったかの問題と同じであるが、ヨーロッパ人が動物を飼育し、ついには動物園をつくることによって解消しようとした、自然からの疎外感を、近代以前の日本人は、動物に関しては一部の少数の動物を飼い馴らすにとどまり、主として

語注

1 容喙＝干渉や口出し。

2 従属＝ほかのものの支配を受けて、従うこと。

植物を相手に解消しようとしていたと思われる。しかし、植物に関しても、あらゆる種類の植物を集めて広大な植物園をつくるという方向にはゆかず、箱庭や盆栽や生け花に見られるように、狭い限られた空間に自然を縮約する形で、人工的世界のなかに自然を引き入れようとしていた。

（岸田秀「なぜヒトは動物園をつくったか」）

(1) **傍線部①「内在的に必然的な運動」とあるが、その説明として最も適切なものを次から選び、記号で答えよ。**（　　）

ア 他国に自国が近代国家として認知されるために必須と考え、意図的に行われた運動。

イ 国家を一つの統一的全体として捉えて世界制覇を目指さねばならないという、潜在的な運動。

ウ 帝国に帰服しない部族を近代化させるのは欠かせない行為だとして、持続的に行われた運動。

エ 封建国家を近代国家に改めるのには不可欠として、自然発生的に実施された運動。

(2) **傍線部②「なぜ日本に動物園が内発的に出現しなかったかの問題は、なぜ日本に近代国家が内発的に出現しなかったかの問題と同じである」とあるが、その説明として最も適切なものを次から選び、記号で答えよ。**（　　）

ア 国家は完結した世界であるべきとする国家観を日本が有しておらず、動物を人工的世界に引き入れ包摂するという発想が生じなかった。

イ 国家を一つの統一的全体として考える思想が日本にはなく、特殊な動物に特化した近代的な動物園を自国内につくろうとは思わなかった。

ウ 日本はアジアの一国家であってヨーロッパとは異なる国家観を持っていた故に、動植物に対して価値を見いだそうとはしなかった。

エ 日本はもともと自然を包み込んだ国家であったため、友好国に対して自国特産の動物を贈り合い交流する文化が発展しなかった。

［青山学院大－改］

○読解のポイント

文章全体の**主旨**をつかむには、**段落ごとに述べられている話題を理解する**ことが大切である。

本文の「近代国家とは」で始まる段落では、近代国家がどのような性質を備えたものかが説明されている。「国家というものを一つの統一的全体と考える思想を前提」としたものであり、「不可避的に世界制覇の野望を内包している」ため、植民地獲得に乗り出したのである。

「日本がヨーロッパに模して」で始まる段落では、日本とヨーロッパの違いをつかむ。この違いから、「なぜ日本に動物園が内発的に出現しなかったか」「なぜ日本に近代国家が内発的に出現しなかったか」という、本文の主旨をつかむ。

著者紹介

岸田《きしだ》 秀《しゅう》 一九三三（昭和八）年～。香川県生まれ。精神分析学者・心理学者。早稲田大学心理学科卒業。「ものぐさ精神分析」など著書多数。

04 話題と主旨 ②

時間 20分

月　日

解答 別冊4ページ

詩人や作家は、ことばによって書かされている人間のことだ。そういえば逆説を弄しているように受けとられかねない。というのも、文学者はことばを駆使する専門家であるといった一面的な考えが、牢乎《ろうこ》[1]とした常識になっているからであろう。そして、文体に対する考えも、その常識の上に立って長い間考えられてきている、といえないか。少なくとも、ことばを駆使し、同時にことばに駆使されているというのが現実であって、この後者の側面を考えないでは、文体の考察もなかば形骸化[2]し、死んだものとなる。詩人は、なんでもない一つの単語に触発されて、どんな長い詩も書かされてしまう(ここで、歴史的にはすぐれた文体論の一つとしてよい夏目漱石《なつめそうせき》の『文学論』にいう「観念の連想」こそが文芸上の真を発揮する、という卓説[3]を思い出してもよい)。そして詩人や作家は書かされたことばのつらなりによって、なにかを発見する。いうところの思想を発見する。なによりも自己を発見する。その場合、自己を発見してからことばにするという常識はくつがえされる。文体とは——それがどんなに鞏固《きょうこ》[4]なものとされているものでも——そうした不安定であやうい、非常にしばしば作者の意図をこえたところで発生するものである。それを、よりたしかな、安定したものとして、そして普遍的な個性の価値として、感受し、確認するのは、作者ではなくて読者《リズール》であり、さらにその読者の再生産の行為を分析し、あやうい文体発生の局面にまでさかのぼって光りをあて、照らし出し、客観化してゆくのが、つまり文体究明の仕事であって、それが批評家なり文学研究者の手にゆだねられている、ということになる。

表現の技法、□からの個性的逸脱、なによりも個性的手法、等々のレベルでしか考えられていない文体意識を、作家の手から、そして読者や研究者たちの常識から、解放しなければならない。依然として彼らがそう考えるのは自由であるにしても。そのために当の文体

語注

1 **牢乎**＝堅くしっかりとしたさま。
2 **形骸化**＝形式だけが残り、実質的な意味を失っているもの。
3 **卓説**＝すぐれた説。
4 **鞏固**＝強くてかたいさま。
5 **危惧**＝心配。
6 **統辞法**＝ことばを組み立てていく論理や技術。

の概念は、ますます曖昧なものになるであろう、ただでさえ曖昧なのに、といった危惧は意に介することはない。そんなにも概念規定がほしいのか、わかりやすい定義づけが。それなら「文学」という概念を定義することができるだろうか。文体とは統辞法[6]によって姿をみせる成句や文章の部分などではなく、それは常に作品の全体であり、部分において捕捉できるとしても、かならず、その部分は作品の全体を背負い、全体をシンボライズしているにちがいない。定義できないという点では、文体と文学とは等身大である。

（原子朗「文体の軌跡」）

(1) □に入る語句として最も適切なものを次から選び、記号で答えよ。（　　）

ア 技法のマンネリズム
イ 読者の常識的な反応
ウ ゆるされる規範
エ 文法概念との葛藤

(2)☆ **問題文の主旨と、文の内容とが適合しているものを次から選び、記号で答えよ。**（　　）

ア 言語の平均的使用からの逸脱度が文体の個性を測る目安となる。
イ 読者による小説や詩の意味再生産の行為を通して、文体発生の場までさかのぼらなければならない。
ウ 作家の個性的な技法の面でしか文体は捉えられていないが、観念の連想もおさえておくことが必要である。

［日本大］

○読解のポイント

本文では特に、話題をしっかりつかんで主旨を考えるという、意識的・戦略的な読み方が必要となる。

まずは**話題**を見定めよう。詩人や作家と文体との関係について書かれているが、どちらに比重が置かれているだろうか。また、文章の構成も見てみよう。前後二段だが、前半と後半それぞれの話題は?

それから**主旨**。どうやら本文では、今まで「常識」といわれてきたものが、実は違うということを言っているようである。では何が違うのか。どう違うのか。そう考えながらもう一度、文章全体の話題は何かを考え直してみよう。

著者紹介

原《はら》 子朗《しろう》 一九二四(大正一三)年〜二〇一七(平成二九)年。長崎県生まれ。詩人。宮沢賢治や文体論などの研究者として知られる。「石の賦」「宮沢賢治語彙辞典」などの著作がある。

05 文章構成

時間 20分

解答 ➤ 別冊5ページ

月　日

①なさけは人のためならず、という。われわれ中年者には、まことにありふれたことわざが、今どきの若い人びとにはまるで違って受けとられているということを知って、驚いたことがあった。このことわざを、大学生が、こう解釈したのである。

——なさけをかけることは、その人のためにならない。

②この解釈、決して間違いではない。ただ、わたしたちが、伝統的な義理人情の世界に、無批判に身をおいていて、そのために何の疑いもなく、ことわざを受けとっていた、その解釈とは違う、というだけのことである。むしろ、伝統的な世界と断ち切られたところに身をおいていたればこそ、とらわれない解釈が生まれたのであろう。

③[A]「ためならず」が今までは疑いもなく「ために(かけるに)あらず」であって、人になさけをかけるということ、それは、その人のためであることのようだが、実はそうではなくて、自分のためなのである、という意味なのに、それを「ためにならない」の意味として「ためならず」を受けとって、なまじ、なさけをかけることは、その人のためにならない、と解釈したわけである。「ためならず」をそう解することは決して無理ではない。

④[B]、こういう解釈をした上で、このことわざを認めるとすれば、なかなか精神も健康である。それは、そういう言い分の背景には、他人になまじなさけなどはかけないが、自分も、他人から、同情的な援助を受けるなどということを、いさぎよしとは思わない、ということになるからである。他人のなさけを受けることなどは、自分のためにはならない。[1]艱難《かんなん》こそ、自分を[C]にするのだ、という心構えが感じられるからである。

⑤なさけは人のためならず、ということわざについて、われわれの持っている知識は、しかし、だいぶ違う。わたしがこれを耳にしたのは、わたしの祖母が、わたしたち孫どもを

語注

1 **艱難**＝困難にあい、つらい思いをすること。「艱難汝《なんじ》を[C]にす」は、人は多くのつらい思いを乗り越えて、はじめてりっぱな人物となる、という意味。西洋のことわざからできた。

2 **処世訓**＝世の中を渡っていくための知恵をことばとしたもの。

3 **慰撫**＝なぐさめ、いたわること。

前にすわらせての、教訓においてであった。そしてその解釈は、いかにも商家の人らしく、利己的で、功利的であった。

——人になさけをほどこすことは、その人のためになるのではない。それはやがてみんな自分の方へもどってくるものなのだ。人に恩をほどこすことは、とりもなおさず、自分の得になることなのだ。

⑥ とりようによると、これは全く物質的であって、そういう物的な恩恵が、すぐ返ってくることを、期待しての、いやしい人生哲学のことわざとさえ、見られるであろう。

⑦ D、この処世訓[2]としてのことわざは、そう見るのが正しい。「乞御期待」のなさけではないにしても、そういう、はねかえりへの期待をもって、努力への慰撫《いぶ》[3]を試みていることはたしかである。だから若い純粋な心には、何となしに反発を覚えさせることわざであったこともたしかである。

（池田彌三郎「暮らしの中の日本語」）

(1) **傍線部「なさけをかけることは、その人のためにならない」の解釈を筆者は肯定的に評価しているが、その理由を述べている段落の番号を答えよ。** （　　）

(2)☆ **A・B・Dに入れるのに最も適切なものを次からそれぞれ選び、記号で答えよ。**

ア さて　**イ** つまり　**ウ** しかし
エ やはり　**オ** そして

A（　　）B（　　）D（　　）

(3) **Cに入る最も適切な漢字を次から選び、記号で答えよ。**

ア 得　**イ** 玉　**ウ** 鐘　**エ** 徳

（　　）

［武蔵大］

○読解のポイント

今回は**文章の構成**をとらえる問題である。**展開のしかた**といってもいい。

文章は、いくつかの**段落**からできている（本文は七つ）。これらの段落は、たいてい、いくつかのかたまりにまとめることができる。いくつかのまとまりとして全体をとらえたほうが、文章全体がよくわかることが多い。

最も基本的なのが「論」と「例」とに分ける方法であるが、本文は全部が例のようでもあるし、全部が論のようでもある。そこで考えることが、「同じことを言っているグループごとにまとめる」という作業。これが(1)にあたる。同じことを詳しく述べたり、理由や原因を述べたりしているものをまとめてみる。本文ではことわざの解釈をめぐって二通りあり、そのどちらの解釈について述べているかで分けることができる。

このように**かたまり**で文章を見ることで、(2)なども解きやすくなる。

著者紹介

池田《いけだ》 彌三郎《やさぶろう》　一九一四（大正三）年〜一九八二（昭和五七）年。東京都生まれ。国文学者・民俗学者・随筆家。「ことばの中の暮らし」「ことばの文化」などの著作がある。

06 指示語と指示内容 ①

時間 20分

解答 別冊6ページ

月　日

　ことばの客観的効果は主として論理に頼っており、その主観的効果は心理に根ざしてあります。とすれば、ことばはつねに論理的側面と心理的側面との二重性を①ニナっているといえましょう。私たちの現代語がほとんど拾収[1]すべからざる混乱状態に陥っているとすれば、その主なる原因は、ことばのもつこの二つの働きのあいだに大きなギャップがあるということになります。私たちの日常生活における誤解とかいきちがいとかいうものは、よく考えてみれば、たいていこのギャップから生じているのです。たとえば、私の作品の冒頭で、「また雪が降ってきたわ」という妻のことばにたいして、「うん……」という夫のことばは、論理的には正しい。妻にはなんら文句をいうべき筋あいはない。しかも妻に不満が残るというのは、妻の「また雪が降ってきたわ」というせりふが、論理的な意味よりも、「二人で話がしたい」という心理的な発言であるからです。
　ところが、世のあらゆる夫婦げんかにおいて、おたがいが相手のいったことばを検討しあい、「きみがああいったから」とか「あなたはこういったじゃないの」とか、いさかう[2]ばあい、ほとんどつねにといっていいほど、このことばの心理的効果を無視し論理的効果のみを問題にしています。いいあっているうちに、相手の②それを無視するばかりでなく、うかうか[3]すると自分のことばについてさえ③それを見うしなってしまって、口でいいまかされ、しかも「自分のほうが正しいのに」とくやしがる。④それでは勝ったほうも後味がわるいということになります。

（福田恆存「演劇入門」）

語注

1 **拾収**＝「収拾」。混乱を収めること。
2 **いさかう**＝けんかをする。
3 **うかうかする**＝気を抜いて、油断する。

(1) **傍線部①の漢字と同じ漢字を含むものを次から選び、記号で答えよ。**（　　）

ア フタンを軽くする。
イ 商品のタンカを決める。
ウ 時間をタンシュクする。
エ タンセイこめて作る。
オ 準備バンタンととのう。

(2)☆ **傍線部②・③「それ」とは何を指すか、それぞれ答えよ。**

②（　　）　③（　　）

(3) **傍線部④「それでは勝ったほうも後味がわるいということになります」とあるが、その理由の説明として最も適切なものを次から選び、記号で答えよ。**（　　）

ア 自分の正しさを相手に認めさせはしたものの、つまらないことで言い争うべきではなかったと感じているから。
イ 相手を一方的に言い負かしてみたものの、心のどこかでは自分の方が悪かったのかもしれないと感じているから。
ウ 相手の論理を無視して、自分の正当性だけを主張したものの、相手を傷つけたのではないかと感じているから。
エ 自分の言いたいことを一方的に主張してみたものの、相手の方が論理的だったのではないかと感じているから。
オ 論理的に相手を屈服させてみたものの、自分の正当性について相手が心から納得していないと感じているから。

[センター試験－改]

○読解のポイント

文脈を追って話題をとらえていくにあたり、その途中で重要になるのが**指示語**である。その**指示内容**をつかんでいくことが必要になる。

傍線部④の「それでは…」の「それ」は、「いいあっているうちに、相手のそれを無視するばかりでなく、うかうかすると自分のことばについてさえそれを見うしなってしまって、口でいいまかされ、しかも『自分のほうが正しいのに』とくやしがる」という事態全体のことを指している。

著者紹介

福田《ふくだ》 恆存《つねあり》 一九一二(大正元)年～一九九四(平成六)年。東京都生まれ。評論家・劇作家・演出家。日本の近代と知識人のあり方について鋭く批判する評論家として知られる。戯曲を書き、演出もおこなった。国語の国字問題でも、「現代仮名遣い」と「当用漢字」に反対した。一貫して、物質的な考え方に反対し、人間性の回復を唱えた。

07 指示語と指示内容 ②

詩が〈現代詩〉という呼び名で呼ばれるようになってからはことに、ニホン語の五七や七五という音のつながりは目の敵[1]にされてきて、〈現代詩〉を書くひとたちはそれをよけて通ってきているが、よけて通っているのはもう老人の方で、ずっとわかい、いまはたちくらいの男の子か女の子が、詩を書く段取り[2]をとるとき、①そんなことははじめからアタマにないようである。かれらのアタマにあるのは、ニホン語のそういうリズムよりも、むしろギンズバアグ[3]の吠《ほ》える英語のホンヤクされたリズムであるのかもしれない。

〈現代詩〉もニホン語のふるい韻律につれない態度をとってきたが、いま詩を読むおおかたのひとも〈現代詩〉にはつれない態度をとることで仕返しをしている。つまり、読むひとは書かれたものが読みづらくておもしろくなければ、読みかけた本をふせてうっちゃってしまえば、それでいいのである。なんだかものすごそうな、おおげさなコトバが、傲慢《ごうまん》[4]無礼に、これでもかこれでもかと書かれてあれば、こんなもの詩じゃないと、読むひとがすてても、それを書いたひとは文句をいえた[　②　]ではない。

もちろん詩を書く方のひとも、ニホン語のむかしのコトバの意味や音だけでは、むかしはなかったがいまはどうしても見なければならないものや、いまはどうしても感じて考えていかねばならぬことを、あらわしていけないことにも気づき、それだからニホン語の意味が音をこわしたりしてあたらしくつくろうとはしているのであったが、そのことを急ぐと、③てっとり早く記号になっているコトバに手を出してしまうことが多かった。

おそらく、遠いむかしのこのくにには、自己とか存在とか世界とか永遠というコトバはなくて、その意味内容があったとすれば、きっと別のいくつかのコトバでひとびとはあらわしたであろうが、いまのわれわれは、その意味内容をしかと識《し》らなくとも、そのコトバを識《し》っ

語注

1 **目の敵**＝何かにつけて憎むこと。
2 **段取り**＝物事を進める上での手順や方法を定めること。
3 **ギンズバアグ**＝アレン・ギンズバーグ。アメリカ合衆国出身の詩人。
4 **傲慢**＝おごりたかぶった様子。

時間 20分

月　日

解答 ➡ 別冊7ページ

て使うことができる。即《すなわ》ち、そこではコトバはその意味内容に類似したものをあらわしていると思いこんだうえで、記号としてそのコトバを使っているのである。

（富岡多恵子「現代詩とヤマトコトバ」）

(1)☆ 傍線部①「そんなこと」が指し示している内容を、文中から二十字以内で抜き出せ。

(2) ②には二字の熟語が入る。その熟語を答えよ。

(3) 傍線部③「てっとり早く記号になっているコトバ」には、たとえばどういうコトバが挙げられるか。文中から二つ抜き出せ。

（　　　）（　　　）

［徳島文理大―改］

○読解のポイント

前の部分で説明したことを指示語に置き換えて説明を続けるのが、指示語の基本的な働きである。しかし、**あとの内容**を直接指す場合や、解答の根拠があとに存在する場合もある。

傍線部①の「そんなこと」は、部分的にいえば「音のつながり」を指し、くわしくいえば音のつながりを目の敵にしてきたこと、音のつながりをよけて通ってきたことを指している。この内容を踏まえたうえで、字数指定を満たす抜き出し部分を探すこと。

著者紹介

富岡《とみおか》 多恵子《たえこ》　一九三五(昭和一〇)年〜二〇二三(令和五)年。大阪府生まれ。詩人・小説家・評論家。「物語の明くる日」(詩)、「植物祭」「冥土の家族」(小説)など著書多数。

08 語彙①

時間 20分

月　日

解答 別冊8ページ

日本人は顔というものを、たいへん重んじてきた。それを語っているのが、つぎのようなさまざまな表現であろう。「顔を立てる」「顔をつぶす」「顔をかす」「顔をきかせる」「顔負け」「顔役」「顔なじみ」「顔ぶれ」「顔見せ」「顔出し」[1]「顔をつなぐ」[2]「顔から火が出る」「顔に［A］をぬる」「合わせる顔がない」……。（中略）

そのような顔のなかでも、日本人はとくに目を重んじたらしい。それも日本語の多彩な表現が証明している。試みに辞典を繰ってみるとよい。「目」という項目に、目という言葉を用いた表現が、それこそ「目を丸くする」ほど並んでいる。「目に障る」「目をかける」[3]「目をつぶる」「目が高い」「目に［B］る」「目の毒」「目をむく」「目を細める」「大目に見る」「目にものをいわせる」[4]「目がとび出るほど」「目のかたき」「目をこやす」「目も当てられぬ」「目からうろこが落ちる」「目が利く」「目を光らす」「目から鼻に抜ける」[5]「目を通す」「長い目でみる」……いや、きりがない。（中略）

このように、日本人は「顔」や「目」によって人格を代表させ、それこそ「面目」を大切にしてきたのであるが、しかし、それはあくまで「おもて向き」のことであって、じつをいうと、それ以上に「うら」を重要視してきたのである。おもてが建前であるなら、うらは［C］といっていい。そして、ここに日本人特有のおもてとうらの観念が成立する。すなわち、おもてが「花」なら、うらは「［D］」というような表裏の関係である。したがって、日本人にとっておもては人格にかかわるほど重視すべきものではあるが、その人格を左右する本質はうらにあるといえる。そこで日本人の本質を問うならば、おもてよりもむしろ、うらという言葉の意味をさぐらなければなるまい。日本人にとって、うらとは何なのであろうか。

ここで思い出すのは芥川龍《あくたがわりゅう》之《の》介《すけ》の『手巾《はんけち》』と題する短編である。ある大学教授の家を訪ね

語注

1 **顔出し**＝人の家を訪問すること。集会などに参加すること。
2 **顔をつなぐ**＝知らない人どうしを紹介する。
3 **目をかける**＝ひいきにする。かわいがる。
4 **目にものをいわせる**＝目つきで相手にこちらの意を伝える（目に物見せる＝ひどい目にあわせるとは別）。
5 **目から鼻に抜ける**＝利口で物事の判断などの素早いさま。

た「四十恰好《かっこう》」の一人の婦人の話だ。彼女は教授がよく知っている学生の母親であった。突然、教授の家を訪ねたのは、息子の死を知らせるためだったのだ。

それを聞いて教授は驚き、気の毒に思うのだが、それ以上に彼に意外な感を抱かせたのは、息子の死を告げながら、母親のその婦人が悲嘆に暮れるどころか、口に微笑さえ浮かべていることであった。だが――「婦人は、顔でこそ笑っていたが、実はさっきから、全身で泣いていた」のだった。それを教授は、ふと落としたうちわを拾おうとしてテーブルの下にくびをさげたときに発見する。テーブルの下にかくれていた婦人の手が激しくふるえており、彼女は「感情の激動を強いておさえようとするせいか、膝の上の手巾を、両手で裂かないばかりにかたく、握って」いたからである。

（森本哲郎「日本語　表と裏」）

(1) **A～Dに入る語句として最も適切なものを次からそれぞれ選び、記号で答えよ。**

A（　）B（　）C（　）D（　）

ア 油　**イ** 泥　**ウ** 昇　**エ** 余　**オ** 本性
カ 本音　**キ** 葉　**ク** 実　**ケ** 根

(2) **「目」の意味が「対象を正当に認識し評価する能力」として用いられている慣用句を次から三つ選び、記号で答えよ。**

（　）（　）（　）

ア 目をかける　**イ** 目が高い　**ウ** 目にものをいわせる
エ 目をこやす　**オ** 目が利く　**カ** 目を通す

(3) **傍線部「発見する」とあるが、このときの教授の気持ちとして最も適切なものを次から選び、記号で答えよ。**

（　）

ア 見るべきではなかったという後悔の気持ち。
イ 一瞬その意味がのみこめず、とまどった気持ち。
ウ この人もやはり女だったのだと、ほっとする気持ち。
エ 思いがけないところでりっぱなものに出会った感動の気持ち。

［早稲田大－改］

○読解のポイント

国語の学習において、**語彙**を増やしていくことはとても重要なことである。特に決まり文句である**慣用句**については、日頃から注意して知識を増やしておくことが大切だ。

慣用句は、強調しようとするときや、人物の心理が大きく動いたときなどによく用いられている。つまり、**読解上もポイントとなる場合が多い**のだ。「ことわざ辞典」「慣用句辞典」など、コンパクトなものを手もとに置き、調べて確認する習慣をつけるだけでも語彙力は飛躍的に伸びるだろう。

著者紹介

森本《もりもと》 哲郎《てつろう》　一九二五(大正一四)年～二〇一四(平成二六)年。東京都生まれ。評論家。「二十世紀を歩く」「生き方の研究」「戦争と人間」などの著作がある。

時間 20分

解答 別冊9ページ

月　日

政治的思考にとって大切なことを以下にまとめてみましょう。

第一に、政治はさまざまな価値観にかかわるものであり、多様な価値観の間の調整こそが政治だということを理解する必要があります。もちろん、どんな価値観でもいいということではなく、明らかに採用できないような価値観もあります。役に立たない人は殺していいといった考え方は、明らかに倫理的に間違った価値観だと多くの人は見なすでしょう。しかし、そうした極論[1]は別とすれば、政治的意見にはそれぞれ、それなりに部分的な正しさがあります。

たとえば、政府の介入を極力小さくして、市場に委ねるべきという考え方があります。これについて、貪欲さを全面化した間違った考え方だという風に、倫理的に批判する人びともいますが、適切ではありません。そういう考え方も、あくまでも政治的な意見の一つとして認められるべきです。逆に、生存権[2]や平等を重視し、政府の再配分機能[3]に期待するというのも、一つの政治的な意見です。どちらもそれぞれに成り立つ考えであり、政治の場で議論をしていくしかありません。

政治的な討論を進めるにあたって注意すべきことは、政治は善悪を論じる場ではないということです。①唯一の正しい答え以外は要らないという姿勢は、もはや政治的ではありません。正しくないことを言っている人は政治の場から退くべきという考えは、政治が機能する場をなくすことにつながるのです。

第二に、政治的思考にとって大切なのは、②他の人との間の距離の感覚です。みなが自分と同じようなものだと考えてはいけない。人間は全面的にはわかり合えないものです。日本では従来、国民についての同質性の神話がありました。しかし、そうした中でも在留外国人[4]

語注

1 **極論**＝極端な論。

2 **生存権**＝国民が人間らしい生活をする権利。日本国憲法第二十五条で保障されている。

3 **再配分機能**＝所得再分配機能のことを指す。所得に対して税を課し、社会保障や福祉などに使うこと。

4 **在留外国人**＝短期滞在者を除いた、日本に在留する外国人のこと。

の存在やさまざまな差別がありましたし、人間というものは暮らし向きが仮に同じであったとしても、考えていることは違うものです。まして、今日では格差が開きつつあります。そうした中で、差異を大切にしないのは、一人一人の人間の存在をないがしろにすることにつながります。みな同じなら、一人くらいいなくなってもかまわないということになりかねない。また、意見を一人ずつ聞く必要もなくなってしまいます。人が複数存在しており、よく聞いてみればそれぞれに意見があるからこそ、一人一人に意見を聞く民主政治が必要になるのです。

（杉田敦「政治的思考」）

(1) **傍線部①「唯一の正しい答え以外は要らないという姿勢は、もはや政治的ではありません」とあるが、その理由を文中の語句を使って説明せよ。**

（　　　　）

(2) **傍線部②「他の人との間の距離の感覚」とあるが、どのような感覚か。その説明として最も適切なものを次から選び、記号で答えよ。**（　）

ア 国民についての同質性の神話の無力化を認め、在留外国人も含めてそれぞれが考えていることを、一人ずつ聞こうとする感覚。

イ 人間は全面的にはわかり合えないということを認め、人と違った考えをする自由をしばることなく、人の複数存在を尊重すべきものであるとする感覚。

ウ 人間一人一人が互いの差異を認め、みなと自分とは違うことを考えているということを前提に、他の人と付き合おうとする感覚。

エ 今日では格差が開きつつあることを認め、暮らし向きが仮に同じではないとしても、意見を一人ずつ聞く必要があろうとする感覚。

［三重県立看護大］

○読解のポイント

わからない語彙が出てきた際には、**意味を類推**しながら読み進める。**文脈や漢字の持つ意味**からイメージして読み進めていきたい。

本文では「政治的思考」について、「多様な価値観の間の調整こそが政治だということを理解する必要があ」る、「政治的な意見の一つとして認められるべき」だ、と説明している。

また、「採用できないような価値観」の例としては、「役に立たない人は殺していい」といった考えを述べ、「政治的意見」として認めるべき例としては、「政府の介入を極力小さくして、市場に委ねるべき」といった考えを述べている。

著者紹介

杉田《すぎた》 敦《あつし》 一九五九（昭和三四）年〜。東京大学法学部卒。法政大学法学部教授。政治理論が専門。「境界線の政治学 増補版」「政治への想像力」など著書多数。

10 キーワード ①

時間 20分

月　日

解答 別冊10ページ

あらゆる文学研究の出発点は、作品そのもの、テキストそのものを読むところにあります。ある人間がたまたまある作品を読んで、それに興味を引かれる、それを面白いと思い、それに愛着を覚える。それがすべての出発点です。世の中には無数の仕事がある訳ですから、文学作品に特別の愛着がなければ別の仕事に付けばいい訳です。そうした愛着があればこそ、文学研究という仕事が自分にとって本質的な意味で面白くもなります。文学研究とはそういうものだと、私は思っています。作品への愛着なしに、文学研究を自分の知的操作の□にしてはいけない。若いうちは、いや、年齢を取ってからでもですが、人間にはとかく知的虚栄心[1]がありますから、作品を出しにして南蛮渡来[2]の難解な理論などを操り、自分の頭の体操をして、その動きの良さを誇示してみせるのも確かになかなか楽しいことですが、それをやっているうちに作品を忘れてしまうことがある。これは文学研究者として大いに自戒すべきことです。私は、こと文学に関わっては、いたって古風な人間ですから、少なくとも自分の方法としてはそういうことをやってはいけないと思ってきました。

では、出発点はそういうものだとして、次に、文学研究の終着点、その辿《たど》りつく先はどこか。これはまた非常に大きなことを言いますけど、もっとも広い意味での自然だと思っています。それはいま流行のエコロジー風の自然、人間中心主義の自然とは、何の関係もありません。私が言うのは、人間になど何の関心も持たず、人類が絶滅しようがしまいが平気で、ただ無限に拡《ひろ》がっている自然——時空そのものである自然です。更に突っ込んで言えば、そういう自然のなかに人間が生まれて、生を営んでいるという事態——そういう事態を理解する、あるいはむしろ、それを了解すること。それが文学研究の結局行き着く先ではないかと思っています。個々の論文ではいろいろのテーマを扱っていても、そのときの眼差しがどこ

語注

1 **虚栄心**＝自分を実際よりもよく見せようとする心。

2 **南蛮渡来**＝ほかの国から伝わったもの。

へ向けられているかと言えば、それは広大な自然のなかで人間が生きているという事態へ向けられている。もちろんそれを完全に了解することは有限の存在である人間には許されないことですが、それにできるだけ近づく。それが文学研究の終着点だ。そう思っています。

私の言う意味での自然は、本来、人間には規定のしようのないものですが、あえて言えば、最終的には、世界の時空そのもの、無限性そのものです。それを分節化して、さまざまな相において捉え直すと、宇宙、生命、存在、世界、あるいは自然史など、いろいろな言い方ができますが、あるいはまた時として人類史という局面で捉えることもあり得るかと思いますが、しかしその根元はつねにひとつの自然です。そして、そのなかで営まれる人間の生を了解することが、文学研究の眼差しの向く方向、文学研究をする人間の眼差しが、どうしても向いてしまう方向です。

（柴田翔「闊歩《かっぽ》するゲーテ」）

(1) **□に入る語句として最も適切なものを次から選び、記号で答えよ。**（　　）

ア 展示場　**イ** 錬金術　**ウ** 登竜門　**エ** 到達点　**オ** 桃源郷

(2) **傍線部「その根元はつねにひとつの自然です」について、その説明として最も適切なものを次から選び、記号で答えよ。**（　　）

ア 人類の歴史が始まる以前には、自然の歴史だけが存在するということ。

イ 自然は、どのようにしても人間が分節化できないものだということ。

ウ 自然はひとつであるが、多様な姿をして人間には眺められるということ。

エ さまざまな相が重なりあって、はじめてひとつの自然というものを考えることができるということ。

オ 自然がひとつであるがゆえに、その中での人間の生が了解できるということ。

［立教大－改］

○ 読解のポイント

キーワードは、その言葉について詳しく説明したり何度もくり返し出てきたりするので、線を引く、○で囲むなどして目につきやすいようにしておくとよい。

本文では「文学研究」について、その出発点や終着点、筆者が研究者に求める姿勢などが述べられている。

出発点については、作品への愛着が必要であることや、「知的虚栄心」から頭脳の動きの良さを誇示することの危険性などが紹介されている。また、終着点については、「人間中心主義の自然」と、筆者のいう「時空そのものである自然」の違いを述べたうえで、自然の中で人間が生を営んでいることを了解することを挙げている。

著者紹介

柴田《しばた》 翔《しょう》　一九三五（昭和十）年〜。東京都生まれ。東京大学卒。小説家・ドイツ文学者。「されど　われらが日々―」で芥川賞受賞。ドイツ文学者としては「ゲーテ『ファウスト』を読む」「内面世界に映る歴史―ゲーテ時代ドイツ文学史論」などの著書がある。

11 キーワード ②

時間 20分

月　日

解答 別冊11ページ

何万年ものあいだ、人類は偶然に与えられた言語を受け入れ、これまた偶然に誕生する子や孫に伝え、ほとんど自然現象のように消長する言語に包まれて暮らしてきた。近現代になっても事態は変わらず、言語は今日もたえず偶然のうちに生み出され、にもかかわらず人を強制的に従わせるという性質を保っている。日々に新語、俗語はおびただしく現れては消えるが、そのなかで廃れずに残って通用するのは偶然の産物のほかにはない。

わけてもとくに［　　］的に生まれるように見えるオノマトペでさえ、この言語の矛盾を如実[1]に示しているのが面白い。時計の音の「チク、タク」はたぶんそれが世に出て以来、一度も変わらず「チク、タク」であり続けたはずである。「チク、チク」や「タク、タク」など、競争力のありそうな代替語を抑えて、偶然にも一頭地を抜いた[2]一語が後世を支配した。ついでにいえば「ピン・ポン」も同じであって、この語がいったん誕生すると完全な独走状態が始まり、やがてオノマトペではなく一つの球技の名称の座を奪ったのだった。あの球技の名がどんな手続きのもとで、いつ世界に承認されたのか、誰も知らない。

言語は偶然の産物だから強制力を持つというこの逆説は、その逆もまた真であるというところが興味深い。言語の強制力は科学の法則のような普遍性を持たず、共同体の随時、随所でかってに働くから、多様な強制力が互いに並行したり衝突して作用し、それがさらに言語を偶然の産物へと導くのである。

近代の日本語の実例だが、俗にいう「ら抜き言葉」というものがあって、「見られる」「食べられる」を「見れる」「食べれる」と省略する習慣がある。大正期以来、東京方言として始まった誤用が全国に広まったものだが、注目すべきは、この流行語の成立に文法という強制力が力を貸していることである。

語注

1 **如実**＝現実のそのままであること。
2 **一頭地を抜く**＝ほかよりも頭一つ、秀でていること。
3 **助長**＝ある傾向がより強くなるような働きかけをすること。
4 **眼目**＝最も大切なところ。

「られる」が「れる」に変わるさい、誤りはこの二語だけでなく文法的に同じ活用、上一段、下一段、カ変活用動詞に助動詞の「られる」が続くとき全般に及ぶことになる。「来られる」はまるでそれが当然のように、躊躇《ちゅうちょ》なく「来れる」と誤用されたのである。

文法が文法の誤りを助長[3]したというのは皮肉だが、これは歴史上、言語が変化し続けたことの秘密を明らかにするかもしれない。言語の変化は共同体の習慣の変化の一種であるが、習慣が習慣であるままに変化するには、それが習慣であるための基本条件を守らなければならない。[4]眼目は身体がほとんど自動的に、しかも高度の規則性を帯びて動くことであって、現に身体はそのようにして言語を操っている。これが変化する場合、発端は小さな共同体の習慣破りとして起こるはずだが、その違背は初めから習慣の維持へ返ろうとする傾きを含んでいる。小さな共同体の習慣を破る行動は、そのままより大きな共同体の習慣を維持するかたちをとりがちになる。

すべての習慣破りは偶然に起こるが、言語の場合、破られた結果が強制力を発揮し、新しい習慣の規則性を固めようとする。

（山崎正和「哲学漫想4　リズムの発現と言語文明」）

(1) □に入る語句として最も適切なものを次から選び、記号で答えよ。

ア 客観　**イ** 経験　**ウ** 恣意　**エ** 典型　**オ** 補足

（　　）

(2) 傍線部「破られた結果が強制力を発揮し、新しい習慣の規則性を固めようとする」とはどういうことか。「ら抜き言葉」を例とし、「強制力」という言葉を用いて具体的に説明せよ。

（　　）

［三重大－改］

○読解のポイント

本文では、言語について「偶然の産物」というキーワードのもとで、「偶然の産物だから強制力を持つ」ことを具体例を挙げて説明している。

そもそも言語は「偶然に与えられた」ものであり、新しくできた言葉が残るのも「偶然」にすぎない。しかし、そうして残った言葉は「ピン・ポン」のように、「一つの球技の名称の座を奪」うほどである。

また、本来は誤用である意味が、文法という強制力の働きによってさらに誤った状態を広げていった例として、「ら抜き言葉」を挙げて説明している。

著者紹介

山崎《やまざき》　正和《まさかず》　一九三四（昭和九）年～二〇二〇（令和二）年。京都府生まれ。京都大学卒。文化功労者。劇作家・評論家。著書は「世阿彌」「装飾とデザイン」など多数。

キーワード ③

時間 20分

解答 別冊12ページ

月　日

モダニズム[1]とは何か。それはデカルト[2]やベーコン[3]によって作られた原理であり、世界の中心に人間あるいは自我をおき、その人間あるいは自我に対立するものとして自然をとらえ、その自然の法則を客観的に認識することによって自然を支配し、人間生活を便利にし、豊かにしようとする思想である。このような思想により近代文明は発展し、人間はそれ以前の人間が思いも及ばなかったような便利で豊かな社会を作ったことは間違いない。

しかし今やこのような文明の原理では人類はやっていけなくなった。科学技術の発展は、内に人間の欲望を無限に膨らませるとともに、外に自然の破壊を招いたのである。この近代文明の原理でこのまま進めば、内に人間は宗教、道徳によって養われた美しい人間性を失い、外に人間が生きるべき環境を失い、やがて人間は滅亡に至るであろう。

ポストモダニズム[4]の思想が求められるのはかかる状況においてであるが、ポストモダニズムの原理はモダニズムの原理の正反対であらねばならぬ。現代の生命科学は、人間はあらゆる生きとし生けるものと同じようにDNAからなる自然の中の一生命体にすぎないことを明らかにした。それゆえ、人間は宇宙における自分の位置を謙虚に反省し、他の生命体との末永い［A］を図らねばならぬ。そしてあらゆる生命体は絶えず「死・再生」の［B］を続けているとすれば、［A］と［B］こそポストモダニズムの原理にならねばならぬと私は考える。

もっぱら西洋化、近代化を目指した日本が、圧倒的にモダニズム、近代思想の影響下にあったことはもちろんである。明治以後の日本の知識人のほとんどはヨーロッパで生まれた知、特に科学的、技術的な知を身につけることを自己の最大の責務とした。このような知の努力によって、日本は非西洋諸国の中にあってもっとも近代文明の移入に成功した国とな

語注

1 **モダニズム**＝近代主義。近代的、合理的、機械的、個人的な文明を信じる立場。

2 **デカルト**＝フランスの哲学者、数学者。モダニズムの始祖。

3 **ベーコン**＝イギリスの哲学者。観察と実験に基づく帰納法を説いた。

4 **ポストモダニズム**＝モダニズムの次（＝ポスト）に来る思想という意味のことば。二十世紀後半のさまざまなモダニズムを乗り越えようとした思想、哲学の総称。ポストモダニズムという一つの哲学ではない。

り、その経済的発展は今や自己の教師である欧米諸国の脅威の的にすらなっているのである。

（中略）

モダニズムとポストモダニズムの政治理念の違いは、たとえば長良《ながら》川河口堰《ぜき》の問題に表れる。ここで詳しく触れることはできないが、河口堰建設は、モダニズムからみれば今なおよいことであるが、ポストモダニズムからみれば生命の共生を不可能にし、自然の循環を止める天人とも許しがたい蛮行ということになる。それがたとえ百年に一度の洪水に備えるにせよ、そのような自然破壊ではなく、他の方法によって洪水を防ぐことを模索すべきなのである。現代の科学技術でそれができぬはずはない。

このようなモダニズムかポストモダニズムかという議論が日本では起こらないところをみると、なお日本において、特に日本の指導者においてはモダニズムが疑われていないことを示しているといわねばならぬ。たしかにマスコミではしきりに自然保護が叫ばれ、政治家も少しは環境問題のことを語らなければ当選も難しくなっている。しかしだれも本気でこの文明の方向を変えようとしていないように思われる。

（梅原猛「いま何が問われているのか（モダニズム信仰）」）

(1)☆ A・B に入る適切な語句を文中のことばで答えよ。

A（　　　）　B（　　　）

(2) 傍線部「この文明」とはどのような文明か、八十字以内で説明せよ。

［京都先端科学大］

○読解のポイント

いわゆる娯楽ものを除くと、大人用の書籍でベストセラーになるのは何らかのＨＯＷ　ＴＯもの、または、時代を読み解き、それについて語る本などだ。現代のように社会情勢がめまぐるしく変化する社会では、時代を読み誤ると、企業にしても国家にしてもとんでもない危機に追い込まれることになる。そこで、そうした時代を論じる評論などがよく読まれるし、また、読む力も求められるわけである。

しかし、現代ほどわかりにくい時代はない。その時代を表す**キーワード**（これはコンセプトワードとも呼ばれる）を知っておくと、そうした文章も理解しやすくなる。

今回はモダニズムＶＳポストモダニズム、この二語の対比をじっくり読んでほしい。

著者紹介

梅原《うめはら》 猛《たけし》　一九二五（大正一四）年〜二〇一九（平成三一）年。宮城県生まれ。哲学者・評論家。西田幾多郎・田中美知太郎・和辻哲郎などの影響を受ける。自然崇拝・アニミズムなどの研究者として知られた。

13 要約

時間 20分

解答 ● 別冊13ページ

月　日

世界が二つに分かれて対立していた冷戦時代には、グローバリズム[1]は現実的な課題としては登場していなかったのではあるまいか。その種の考え方があったとしても、今ほどには光を浴びていなかった。

　グローバリズムがリアリティー[2]を持つ前提には、最小限の共通認識が必要であるに違いない。その一つには人類の危機意識があり、もう一つには市場経済の浸透[3]がある。そして電子技術の発達による情報の高度の交流がそれを支えている。

　としたら、グローバリゼーションの力学には、①地球上に存在する様々な凹凸を均《なら》していこうとする傾向が否定し難く含まれている。数量で計れるものの均等化はまだ可能だが、質の異なる要素をどう扱うかは難問だ。

　例として出すには不適切であるのを承知の上でいえば、たとえば言語の違いというものがある。英米語が世界の共通言語として通用するに至れば、それもグローバリズムの表れといえるだろうか。あるいはエスペラント[4]の如《ごと》き言語が世界に普及すれば言葉のグローバリゼーションは成立するのか。

　どう考えても、言葉はグローバリゼーションには馴染《なじ》まない。というよりむしろ、言葉の違いを自明[5]の条件とした理念こそがグローバリズムの底にあるのだ、と考察すべきなのだろう。

　それならば、地球規模の視点とか、全球化といったものの芯にあるのはこの違いの認識であり、その個別性を乗り越えていかにして共通の意識を持ち得るか、が避けられぬ課題となるだろう。人類の共通性を重視するならば、それと同じ切実さで個別性もまた自覚されねばなるまい。個別性を視野からはずした共通性の偏重[6]は、人類全体主義といった妄想まで呼び

語注

1 **グローバリズム**＝地球全体主義。「グローバル企業」「グローバル戦略」「グローバルマーケティング」などのように、世界的規模、地球全体にかかわる考え方。

2 **リアリティー**＝現実味。現実性。

3 **浸透**＝しみとおること。

4 **エスペラント**＝ポーランドの医者ザメンホフが考え出した人工的な国際語。

5 **自明**＝説明しなくても、すでにそれ自体ではっきりしていること。

6 **偏重**＝ある方面だけを重んずること。かたよること。

7 **拡散**＝広がり散らばること。

8 **過酷**＝きびしすぎること。

起こしそうな恐れがある。

　国家にせよ、民族にせよ、個人にせよ、外部を遮断した閉鎖的姿勢で人間の本質を守り生命を持続させていけようとは思えない。外に向けて開かれることは必要であり、必至でもあるのだが、ただその時、何が開かれるか、内部の充実がいかほどのものであるか、が問われていなければなるまい。それなしの開かれ方はただの拡散[7]に過ぎぬだろう。

　「グローバル」という言葉の快い響きの内には、実は②異と和との過酷[8]な緊張関係が隠されている。それが「球」を成立させる力である。


（黒井千次「球体のダイナミズム」）

(1) 傍線部①「地球上に存在する様々な凹凸」とあるが、どのような事例があるか、三つ考えて答えよ。

（　　　）（　　　）（　　　）

(2)☆ 傍線部②「異と和との過酷な緊張関係が隠されている。それが『球』を成立させる力である」とあるが、どういうことか。わかりやすく説明せよ。

（　　　）

［福井大］

○読解のポイント

真の意味の「グローバリゼーション」について、筆者は考察する。

地球上には、言語をはじめとした違いがたくさんある。その個別性を踏まえたうえで、いかにして人間の共通性を追求することができるか。これが筆者の考える課題である。「異」と「和」とは、「個別性」と「共通性」である。この対比をしっかりつかみ、**要約**することが必要である。

参考

グローバリズムの功罪
グローバリゼーションが進行している。そのよさはあるのだろう。しかし、この地球において、すべてが一つであるはずがない。みんなひとりひとり違っているように。

著者紹介

黒井《くろい》 千次《せんじ》 一九三二（昭和七）年〜。東京都生まれ。小説家。サラリーマン生活中から創作活動をし、労働者を主題とした「メカニズムNo.1」で小説家として世に出た。以降、「春の道標」や「時間」「群棲」など多くの小説のほか、評論も著した。

14 描写を読む ①

時間 20分

月　日

解答 別冊14ページ

（ある不安を抱えていた宗助《そうすけ》は、その心を静めようと禅寺の門を潜《くぐ》った。十日あまりの滞在を経て、宗助は家へと戻らねばならない日を迎えた。）

自分は門をあけてもらいに来た。けれども門番は扉の向こう側にいて、たたいてもついに顔さえ出してくれなかった。ただ、「たたいてもだめだ。ひとりであけてはいれ」と言う声が聞こえただけであった。彼はどうしたらこの門の閂《かんのき》をあけることができるかを考えた。そうしてその手段と方法を明らかに頭の中でこしらえた。けれどもそれを実地にあける力は、少しも養成することができなかった。したがって自分の立っている場所は、この問題を考えない昔とごう[1]も異なるところがなかった。彼は依然として無能無力にとざされた扉の前に取り残された。彼は平生自分の分別《ふんべつ》[2]をたよりに生きてきた。①その分別が今は彼にたたったのを口惜しく思った。そうしてはじめから取捨も商量《しょうりょう》[3]もいれない愚なものの一徹一図《いってついちず》[4]をうらやんだ。もしくは信念にあつい善男善女の、知恵も忘れ、思議《しぎ》[5]も浮かばぬ精進《しょうじん》[6]の程度を崇高と仰いだ。彼自身は長く門外にたたずむべき運命をもって生まれてきたものらしかった。それは是非《ぜひ》[7]もなかった。けれども、どうせ通れない門なら、わざわざそこまでたどりつくのが矛盾であった。彼は後を顧みた。そうしてとうていまた元の路《みち》へ引き返す勇気をもたなかった。彼は前をながめた。前には堅固な扉がいつまでも展望をさえぎっていた。彼は門を通る人ではなかった。また門を通らないですむ人でもなかった。要するに、②彼は門の下に立ちすくんで、日の暮れるのを待つべき不幸な人であった。

宗助はたつまえに、宜道《ぎどう》と連れだって、老師のもとへちょっと暇乞《いとまご》いに行った。老師は二人を蓮池《れんち》の上の、縁に勾欄《こうらん》のついた座敷に通した。宜道はみずから次の間に立って、茶を入れて出た。

語注

1 **ごうも**＝すこしも、いささかも。
2 **分別**＝理性で物事の善悪を判断してわきまえること。
3 **商量**＝あれこれと考えること。
4 **一徹一図**＝一徹も一図も思い込んだら一筋になること。
5 **思議**＝考えはかること。
6 **精進**＝仏道の修行に励むこと。
7 **是非もない**＝しかたがない、やむをえない。

「東京はまだ寒いでしょう」と老師が言った。「少しでも手がかりができてからだと、帰ったあとも楽だけれども。惜しいことで」
　宗助は老師のこの挨拶に対して、丁寧に礼を述べて、また十日まえにくぐった山門を出た。甍《いらか》を圧する杉の色が、冬を封じて黒く彼の後にそびえた。

（夏目漱石「門」）

(1) **傍線部①「その分別が今は彼にたたった」とあるが、どういう意味か。最も適切なものを次から選び、記号で答えよ。**（　　）

ア 問題を分けて考えるこれまでの方法が門の扉を開けるのに役立たなかった。
イ 知恵を忘れてただひたすら扉を開けるために努力することができなかった。
ウ 理屈で考える癖が門を通過するためにはまったく役立たなかった。
エ 何事につけ理屈で問題を解決する仕方がここではかえって害になった。

(2)☆ **傍線部②「彼は門の下に立ちすくんで、日の暮れるのを待つべき不幸な人であった」とは、どういう意味か。最も適切なものを次から選び、記号で答えよ。**（　　）

ア 課題を理屈で考えることしかできず、そのためいつまでたっても現実の力をもたない不幸な人であった。
イ 門の向こうにいる人から門を開けてもらうまで、いつまでもそこで待っているしかない不幸な人であった。
ウ 課題を解決することも課題から逃れることもできず、いつまでもその課題の前で考えあぐむ不幸な人であった。
エ いつまでたっても門を開けることもできず、門を開けてもらうこともできない矛盾に満ちた不幸な人であった。

〔京都産業大－改〕

○読解のポイント

宗助の考えが中心に書かれている文章である。宗助が禅寺の門を潜ったのにはどのような思いがあったのかを丁寧に読み取ろう。
「取捨も商量もいれない愚なものの一徹一図」「思議も浮かばぬ精進の程度を崇高と仰いだ」など、漢語が並ぶものばかりでなく、「ごうも(＝すこしも、いささかも)異なるところがなかった」「是非もなかった(＝しかたがなかった)」「冬を封じて(＝とじこめて)」など、漱石の文章には**漢語的表現**が多い。夏目漱石の文体の特徴の一つである。このような文体にも慣れておきたい。

著者紹介

夏目《なつめ》 漱石《そうせき》 一八六七(慶応三)年〜一九一六(大正五)年。東京都生まれ。近代日本を代表する小説家。代表作として「坊っちゃん」や「三四郎」「こころ」などがある。

15 描写を読む ②

時間 20分

月　日

解答 ➡ 別冊14ページ

いつだって、どのような時だって、女、優先。祖母は、それを貫いていた。幼ない孫に対しても強要[1]した。彼女と一緒の時に、志郎《しろう》は電車やバスの座席に座ったことはなかった。ひとつ空いていれば彼女に譲る。二つ空いていたら、もうひとつを側に立っている別な女に譲る。ようやく自分のための席が空く。座ろうとすると、またひとり別な女が乗り込んで来る。世の中には、なんて沢山の女の人がいるのだろうと、疲れた脚をなだめながら溜息をついたものだ。きりがない、と呆《あき》れた。女がいる限り、男は疲れたままなのだ、と子供心に悟った。やがて、立ったままでいるのが苦痛でなくなるくらいに体が出来てくると、乗り物の中では座らないのが彼の習慣になった。

仕込[2]まれたことは山程ある。重い荷物は女に持たせてはならないとか、ドアは先に開けて押さえておき女を先に通すとか、お酌はさせるものではなくするものである、など。自分が店で酌をするのは、金銭と引き替えのギブ[3]　アンド　テイクであるとのことだった。その割には、いつも客に酒をつがせていたが。

父に対しても同じだったらしい。彼は、その反動[4]からか、家では殿様のように振る舞っていた。外出の時には、彼の後ろから母が小走りで付いて行った。風呂に入る際には、母が父の背中を流すのが決まりだった。それが終わると母は、大急ぎで酒の肴《さかな》を何品も用意し、殿様の御膳を整える。そんな両親の様子を見て、女を優先させる方が、余程気楽じゃないか、と思うようになっていた。いつも、自分のために女が待機しているなんて、考えただけで、うんざりする。

そんな父が、祖母を前にした時だけ紳士のような振る舞いをするのは、おかしかった。志郎たちの視線を意識して、これは本意ではないのであるぞ、と言わんばかりの態度を取るの

語注

1 **強要**＝無理じいすること。
2 **仕込む**＝教え込む、訓練する。
3 **ギブ　アンド　テイク**＝もちつもたれつ、対等のやり取りのこと。
4 **反動**＝反作用、ゆりかえし。

である。それが、①これ見よがしである時、祖母は、父の手の甲をぴしゃりと叩き、レディに対して心がこもってない、と言う。隣で、母が、私の旦那様に何するのよ、と言いた気に、にらんでいる。もちろん祖母は、気になんかしやしない。私の方がつき合いは長いと思っているに違いない。父が唯一かなわない人。志郎も妹もそのことを知っているから、父が横暴な態度で二人を押さえ付けようとする時、彼女の許《もと》に駆け込んだのだ。そして聞く言葉は、知っているどの大人のものとも違っていて、②子供心を手ごめにした。（山田詠美「風味絶佳」）

(1)☆ **傍線部①「これ見よがしである時」とあるが、これはどのような時か。最も適切なものを次から選び、記号で答えよ。**（　　）

ア 殿様のように振る舞っている時。
イ ただ単に振りをしていることが露骨な時。
ウ 心がこもっていないのに、巧妙にそれを隠している時。
エ 紳士としての振る舞いが見とれるほどすてきな時。
オ 横暴な態度で人を押さえつけようとしている時。

(2) **傍線部②「子供心を手ごめにした」とあるが、どのような状態になったのか。最も適切なものを次から選び、記号で答えよ。**（　　）

ア 力ずくで子供の身体の自由を奪ってしまった状態。
イ 子供の体を手を籠のようにして囲ってしまう状態。
ウ 子供がいかにも引きつけられてしまうような状態。
エ あまりの予想外に子供がびっくりしてしまう状態。
オ 子供心をおもしろがらせて、笑わせてしまう状態。

［東海大―改］

○読解のポイント

何事にも女性優先を貫く祖母、祖母にそれを厳しくしつけられた志郎、祖母に反発する父と母の様子を、志郎の目から描いている。祖母と志郎たちの間に位置する父の複雑な心理を、その**行動の描写**から読み取る。

著者紹介

山田《やまだ》 詠美《えいみ》 一九五九（昭和三四）年〜。一九八七年に「ソウル・ミュージック・ラバーズ・オンリー」で直木賞を受賞。代表作に「ぼくは勉強ができない」「トラッシュ」「アニマル・ロジック」「ジェントルマン」などがある。

時間 20分

月　日

解答 ➡ 別冊15ページ

「昨日から、何も食っていないんです。ほんとに何も食っていないんです。たった一食でもよろしいから、めぐんでやって下さいな。旦那、おねがいです」

老人は外套[1]《がいとう》も着ていなかった。顔はくろくよごれていて、上衣《うわぎ》の袖から出た手は、ぎょっとするほど細かった。身体が小刻みに動いていて、立っていることも精いっぱいであるらしかった。老人の骨ばった指が私の外套の袖にからんだ。私はある苦痛をしのびながらそれを振りはらった。

「ないんだよ。僕も一食ずつしか食べていないんだ。ぎりぎり計算して食っているんだ。とても分けてあげられないんだよ」

「そうでしょうが、旦那、あたしは昨日からなにも食っていないんです。何なら、この上衣を抵当[2]に入れてもよござんす。一食だけ。ね。一食だけでいいんです」（中略）

頭をふらふらと下げる老爺《ろうや》よりもどんなに私の方が頭を下げて願いたかったことだろう。あたりに人眼がなければ私はひざまずいて、これ以上自分を苦しめて呉《く》れるなと、老爺にむかって頭をさげていたかも知れないのだ。しかし私は、①自分でもおどろくほど邪険な口調で、老爺にこたえていた。

「駄目だよ。無いといったら無いよ。誰か他の人にでも頼みな」

暫《しばら》くの後私は食堂のかたい椅子にかけて、変な臭いのする魚の煮付と芋まじりの少量の飯をぼそぼそと噛《か》んでいた。しきりに胸を熱くして来るものがあって、食物の味もわからない位だった。私をとりまくさまざまの構図が、ひっきりなしに心を去来した。毎日白い御飯を腹いっぱいに詰め、鶏にまで白米をやる下宿のあるじ、闇売り[3]でずいぶん儲《もう》けたくせに柿のひとつやふたつで怒っている裏の吉田さん。（中略）それらのたくさんの構図にかこまれて、

語注

1 **外套**＝防寒・防雨のために洋服の上に着る衣類。

2 **抵当**＝金銭などを借りて返せなくなったときに、貸し手が自由に扱える借り手側の権利や財産。

3 **闇売り**＝定められた販路・価格によらないで内密に売ること。

朝起きたときから食物のことばかり妄想し、こそ泥のように芋や柿をかすめている私自身の姿がそこにあるわけであった。こんな日常が連続してゆくことで、一体どんなおそろしい結末が待っているのか。②それを考えるだけで私は身ぶるいした。

（梅崎春生「飢えの季節」）

(1) **傍線部①の状況に至るまでの「私」の心の動きとして、最も適切なものを次から選び、記号で答えよ。**（　　）

ア 自分より老爺の飢えのほうが深刻だと痛感した「私」は、彼の懇願に対して丁寧な態度で断りたいと思いはしたが、人目をはばからず無心を続ける老爺にいら立った。

イ 上衣さえ差し出そうとする老爺の様子を見た「私」は、彼を救えないことに対し頭を下げ許しを乞いたいと思いつつ、周りの視線を気にしてできない自分にいら立った。

ウ 必死に頭を下げる老爺の姿を自分に重ねた「私」は、自分も食べていないことを話し説得を試みたが、食物をねだり続ける老爺に厚かましさも感じた。

エ 老爺の懇願に応じられない「私」は、苦痛を感じながら耐えていたが、なおもすがりつく老爺の必死の態度に接し、彼に向き合うことから逃れたい衝動に駆られた。

(2) **傍線部②の「私」の状況・心理として最も適切なものを次から選び、記号で答えよ。**（　　）

ア 貧富の差が現れる周囲の人びとの姿から自らの貧しく惨めな姿も浮かび、食物への執着を自覚した「私」は、農作物を盗むような生活の先の自身の将来に思い至った。

イ 定収入を得てぜいたくに暮らす人びとの存在に気づいた「私」は、芋や柿などの農作物を生活の糧にすることを想像し、自分は厳しい現実を直視できていないと認識した。

ウ 格差社会で生きる人びとに思いを巡らせた「私」は、一食のために上衣を手放そうとした老爺のように、その場しのぎの生き方しかできない我が身を振り返った。

エ 自分を囲む現実を顧み、周囲には貧しい人が多いなかに富める人もいることに気づいた「私」は、社会の動向を広く認識できていなかった自分を見つめ直した。

［大学入試共通テスト－改］

○ 読解のポイント

他者との関係から浮かび上がる、**「私」の現状と心の動き**をとらえる。本文では、老爺と「私」のやりとりを通じて、「私」のひもじさや社会状況などが浮き彫りになっていることをおさえる。

前半では、ひもじさを感じる「私」は、老爺に同情しつつも、自分の一食すらも老爺に提供することができない場面が描かれている。

後半では、食堂で食事を取っているときも周囲の豊かな人々や貧しい人々の姿が浮かんで消えず、「朝起きたときから食物のことばかり妄想し、こそ泥のように芋や柿をかすめている」ような、自分の置かれている状況や将来に思いを巡らせている場面が描かれている。

著者紹介

梅崎《うめざき》 春生《はるお》 一九一五（大正四）年〜一九六五（昭和四〇）年。福岡県生まれ。東京帝国大卒。小説家。「ボロ家の春秋」で直木賞受賞。戦後文学を代表する作家の一人。

17 心情を読む ②

時間 20分

月　日

解答 別冊16ページ

筋道の通った頭を有《も》っていない彼女には存外新《あた》らしい点があった。彼女は形式的な昔風の倫理観[1]に囚《とら》われる程厳重な家庭に人とならなかった。政治家を以《もっ》て任じていた彼女の父は、教育に関して殆《ほと》んど無定見であった。母は又普通の女の様にやかましく子供を育て上《あげ》る性質《たち》でなかった。彼女は宅《うち》にいて比較的自由な空気を呼吸した。そうして学校は小学校を卒業しただけであった。彼女は考えなかった。けれども考えた結果を［A］によく感じていた。

「単に夫という名前が付いているからと云《い》うだけの意味で、その人を尊敬しなくてはならないと強いられても自分には出来ない。もし尊敬を受けたければ、受けられるだけの［B］をもった人間になって自分の前に出て来るがいい。夫という肩書など無くっても構わないから」

不思議にも学問をした健三《けんぞう》の方はこの点においてかえって［C］であった。自分は自分の為に生きて行かなければならないという主義を実現したがりながら、夫の為にのみ存在する妻を最初から仮定して憚《はば》からなかった。

「あらゆる意味から見て、妻は夫に従属すべきものだ」

二人が衝突する大根《おおね》はここにあった。

夫と独立した自己の存在を主張しようとする細君を見ると健三はすぐ不快を感じた。ややともすると、「［D］」という気になった。それが一段はげしくなるとたちまち「［E］」という言葉に変化した。細君の腹には「［F］」という挨拶が何時《いつ》でも貯《たくわ》えてあった。

「いくら女だって、そう踏み付けにされて堪《たま》るものか」

健三は時として細君の顔に出るこれだけの表情を明《あきら》かに読んだ。

「女だから馬鹿にするのではない。馬鹿だから馬鹿にするのだ、尊敬されたければ尊敬されるだけの人格を拵《こしら》えるがいい」

語注

1 **倫理観**＝道徳的な考え方。
2 **激昂**＝激しく怒ること。

株式会社 増進堂
受験研究社

愛読者カード

本書をお買い上げいただきましてありがとうございます。あなたのご意見・ご希望を参考に今後もより良い本を出版していきたいと思います。ご協力をお願いします。

1. この本の書名（本のなまえ）　　お買い上げ

年　月

2. どうしてこの本をお買いになりましたか。

□書店で見て　□先生のすすめ　□友人・先輩のすすめ　□家族のすすめ

□塾のすすめ　□WEB・SNSを見て　□その他(

3. 当社の本ははじめてですか。

□はじめて　□2冊目　□3冊目以上

4. この本の良い点，改めてほしい点など，ご意見・ご希望をお書きください。

5. 今後どのような参考書・問題集の発行をご希望されますか。あなたのアイデアをお書きください。

6. 塾や予備校，通信教育を利用されていますか。

塾・予備校名 [　　]

通信教育名 [　　]

企画の参考，新刊等のご案内に利用させていただきます。　2024

郵便はがき

550-0013

お手数ですが
切手をおはり
ください。

大阪市西区新町3-3-6

受験研究社

愛読者係 行

●ご住所 □□□-□□□□

TEL(　　　　　　)

●お名前 ※任意 (男・女)

●在学校 □保育園・幼稚園 □中学校 □専門学校・大学 □小学校 □高等学校 □その他(　　　) 学年(歳)

●お買い上げ書店名(所在地) 書店(　　市区町村)

●すてきな賞品をプレゼント！

お送りいただきました愛読者カードは、毎年12月末にしめきり，抽選のうえ100名様にすてきな賞品をお贈りいたします。

●LINEでダブルチャンス！

公式LINEを友達追加頂きアンケートにご回答頂くと，上記プレゼントに加え，夏と冬の特別抽選会で記念品をプレゼントいたします！

当選者の発表は賞品の発送をもってかえさせていただきます。 https://lin.ee/cWvAhtW

健三の論理《ロジック》は何時の間にか、細君が彼に向って投げる論理と同じものになってしまった。彼等はかくして円い輪の上をぐるぐる廻《まわ》って歩いた。そうしていくら疲れても気が付かなかった。

健三はその輪の上にはたりと立ちどまる事があった。彼のとまる時は彼の激昂《げっこう》[2]が静まる時に外ならなかった。細君はその輪の上で不図《ふと》動かなくなる事があった。然《しか》し細君の動かなくなる時は彼女の沈滞が融《と》け出す時に限っていた。その時健三は漸《ようや》く怒号を已《や》めた。細君は始めて口を利き出した。二人は手を携えて談笑しながら、矢張《やはり》 G を離れる訳に行かなかった。

（夏目漱石「道草」）

(1)☆ **傍線部「昔風の倫理観」とはどのような考えか、文中のことばを用いて十五字以内で説明せよ。（句読点は除く）**

(2) **A ～ C に入る語句として最も適切なものを、次からそれぞれ選び、記号で答えよ。**

A **ア** 技術的　**イ** 論理的　**ウ** 精神的　**エ** 野性的

B **ア** 外見　**イ** 財力　**ウ** 実質　**エ** 学歴

C **ア** 新式　**イ** 旧式　**ウ** 様式的　**エ** 形式的

A（　　）B（　　）C（　　）

(3) **D ～ F に入る語句として最も適切なものを、次からそれぞれ選び、記号で答えよ。**

D（　　）E（　　）F（　　）

ア いくら女だって　**イ** 女の癖に　**ウ** 何を生意気な

(4) **G に入る最も適切なことばを文中より五字で抜き出せ。**

［大手前大］

○読解のポイント

心情を理詰めで読み解くことにチャレンジしてみよう。小説でまず考えるのは、登場人物は誰で、どのような関係性なのかということ。

本文で登場するのは健三と妻の二人。この二人の考え方の違いが、この部分のメインになっている。夫と妻の心情が**対比**されて書かれており、二人の対立の根本がどこにあるのか、考えながら読んでみよう。

参考

夏目漱石については、31ページの「著者紹介」を参照。代表作「坊っちゃん」「草枕」「それから」「こころ」「道草」「明暗」あたりは読んでおこう。また、晩年の「則《そく》天去私《てんきょし》」という考え方や、個人主義的な思想を展開した人としても覚えておくこと。

漱石の小説は人間の存在を非常によく描き出していることで有名。上の本文でもわかるとおり、その文章は、時に理論的・哲学的でさえある。

18 心情を読む ③

時間 20分

月　日

解答 別冊17ページ

（次の文章は、室生犀星《むろうさいせい》「我が愛する詩人の伝記」のうち、「立原道造《たちはらみちぞう》」[1]の巻からの切り抜きである。丁寧に読んで、あとの問いに答えよ。犀星四十代後半、立原二十代前半の頃の話である。）

「センセイ」

と、或《あ》る日、立原は更《あらた》まって用事ありげな、不安の面持でいった。

「何や。」

「詩の原稿のストック[2]がありませんか、こんどの雑誌に出すのにほしいんですが。」

私は原稿のストックという言葉に、はじめて腹を立てて呶鳴《どな》った。

「①君じゃあるまいし、凡《およ》そ書きための原稿なぞ一枚だってあるものか、ばかも秤《はか》りにかけてから言え。」

立原は私の怒りが本物であることを、顔色で見てとって言った。

「参った、失敬なことを言いました。」

私は彼があまりに悄気《しょげ》たので言い改めた。僕なぞは一行でも書くと売るという厄介《やっかい》な仕事をしているので半枚の書きためもないのだよ、若い時分は詩も何十枚も書きためていたが、②もうそういう美しい宝舟は僕という港には繋《つな》がれていないと、いくらか彼をなぐさめ、自分の怒りを自分で取り消す顔付で言った。すこし経《た》ってから立原は、僕はノオトには何冊も書きためがあるといったから、それだから君の毎日は愉《たの》しいし、反対にいつも空っぽの僕は悒鬱《ゆううつ》な顔をしているんだと、私は③胡麻化《ごまか》して言った。

（室生犀星「我が愛する詩人の伝記」）

語注

1 立原道造＝詩人。一九一四（大正三）〜一九三九（昭和一四）年。叙情詩にすぐれていたが、若くして亡くなった。

2 ストック＝ためておいたもの。

(1) 傍線部①「君じゃあるまいし、凡そ書きための原稿なぞ一枚だってあるものか」と言いながら、ことばにしないままに飲み込んだ犀星の気持ちを、強いてことばにしてみるとどうなるか。最も適切なものを次から選び、記号で答えよ。（　　）

ア 買いかぶってくれたものだ。
イ 安く踏んでくれたものだ。
ウ よくぞ見透かしてくれたものだ。
エ 露骨に皮肉を言ってくれたものだ。
オ 嬉《うれ》しいことを言ってくれたものだ。

(2) 傍線部②「もうそういう美しい宝舟は僕という港には繋がれていない」ということばに込められた犀星の心として、最も適切なものを次から選び、記号で答えよ。（　　）

ア 自嘲　イ 自尊　ウ 未練
エ 達観　オ 軽蔑

(3)☆ 傍線部③「胡麻化して言った」の裏にある犀星の気持ちとして、最も適切なものを次から選び、記号で答えよ。（　　）

ア 憤怒《ふんぬ》　イ 感謝　ウ 幻滅
エ いたわり　オ かなしみ

〔青山学院大—改〕

○読解のポイント

36・37ページの対比を思い出してみよう。二人の人物がいて、何やら問答している。この二人を対比する、というのが基本だった。

しかし今回は対比だけではなく、筆者の心に前半と後半で大きな**変化**が見られることに気づくことが重要である。

文学の読解では、しばしば、このように**一人の人物の内面の変化に着目することがポイント**になる。「どういう状態からどういう状態へ」変化したのか、「なぜ」変化したのか、などに気をつけて読んでいくこと。

著者紹介

室生 犀星　一八八九(明治二二)年〜一九六二(昭和三七)年。石川県生まれ。詩人・小説家で、大正・昭和と活躍した。「抒情小曲集」などの詩集が有名。「ふるさとは遠きにありて思ふもの」は「小景異情」(その二)の有名な一節。小説家としても「性に眼覚める頃」「あにいもうと」などで、みずみずしく、傷つきやすい心を描いた。

19 心境の説明

時間 20分

月　日

解答 ➡ 別冊18ページ

（大介《だいすけ》は両親と一緒に小さいころからアメリカで暮らしている十一歳の男の子。姉は日本の高校を卒業後、五年前にアメリカにやってきた。）

そのとき、電話が鳴った。この電話がいけなかったんだ。

それはお姉ちゃんの友だちからの電話で、二人はたっぷり十五分はしゃべっていた。僕は、お姉ちゃんの部屋をあらためて見まわした。殺風景[1]な部屋。ぬいぐるみだとか花だとか、ジル（注：大介のガールフレンド）の部屋にあったようなものはいっさいない。それなのにジルの部屋よりもずっと女っぽくて、なんだか居心地が悪かった。ベッドの横のテーブルに、写真が三枚飾ってある。東京の伯父さんと伯母さん、高校時代の友人たち、それから、僕が生まれる前の家族の写真。僕は、僕の知らない人たちの写真をながめ、僕の知らないお姉ちゃんの生活のことを考えた。

「デイビッドと約束してたんだけど」

電話口でお姉ちゃんが言う。きっとまたキャンセルするんだ。かわいそうなデイビッド。

「ううん。いいのよ、どうせたいした約束じゃないし。え？　やだ、まさか。デイビッドがおこるわけないじゃないの。やさしいだけがとりえだもの。おこる甲斐性《かいしょう》[2]なんてないわ」

そう言ったお姉ちゃんの横顔は、すごくいやな感じだった。

「お姉ちゃんなんて最低だ」

電話を切ったお姉ちゃんに、僕は言った。「相手よりもむしろ自分自身をいやしめる言葉」を、思いつくかぎりならべてやりたかった。

①「最低でけっこうよ」

眉一つ動かさないでお姉ちゃんが言う。僕はますます頭にくる。

語注

1 **殺風景**＝景色などが、単調で趣のないこと。おもしろみがなく、興ざめすること。

2 **甲斐性**＝働きや才覚があり、生活力に富んだ、頼りになる性質、様子。

3 **未練**＝あきらめきれないこと。思い切りの悪いこと。

「お姉ちゃんが最低なんて、最低がかわいそうだよ。お姉ちゃんなんて、アメリカかぶれのばばぁたちといっしょさ」

「ダイっ」

「いつまでも未練たらしく昔の写真なんて飾っちゃってさ。そのくせアメリカ人のデイビッドなんかとつきあってるじゃないか」

「大介っ」

しまった、と思ったけれどおそかった。②お姉ちゃんはものすごい顔で僕にちかづいてきて、僕のほっぺたをおもいきりたたいた。痛いというより、熱いという感じだった。

「ぶた野郎!!」

僕はどなって部屋を飛びだし、階段を駆けおりた。③泣きそうになったけれど、泣かなかった。階段の下はコーヒーの匂《にお》いと香水の匂いとでむせかえりそうだ。


（江國香織「こうばしい日々」）

(1) 傍線部①「『最低でけっこうよ』眉一つ動かさないでお姉ちゃんが言う」から、傍線部②「お姉ちゃんはものすごい顔で僕にちかづいてきて、僕のほっぺたをおもいきりたたいた」へと、「お姉ちゃん」の態度が変化している。「お姉ちゃん」の態度はなぜこのように変化したのか、説明せよ。

（　　　　）

(2)☆ 傍線部③「泣きそうになったけれど、泣かなかった」とあるが、この時の「僕」の気持ちはどのようであったか、説明せよ。

（　　　　）

［筑波大］

○読解のポイント

大介は、両親と一緒に小さいころからアメリカで暮らしている。姉は日本の高校を卒業後、五年前にアメリカにやってきた。その姉とのやりとりの場面。姉の行動や態度に対して、大介（＝僕）がどのように思っているのかを読み取る。

また、姉とのやりとりの中で泣きそうになるものの、泣かなかったそのときの大介の**心境**を、姉への批判のことばから考えてみよう。

著者紹介

江國《えくに》 香織《かおり》　一九六四（昭和三九）年〜。東京都生まれ。小説家・児童文学者・詩人。主な著書に「きらきらひかる」「犬とハモニカ」「つめたいよるに」などがある。

20 論理①

時間 20分

月　日

解答 別冊18ページ

　文字を持たないアメリカ先住民たちの言語の研究に立ち向かった、アメリカの言語学者たちが先ずしなければならない第一の仕事は、物理的には切れ目の無い、先住民たちの口から流れ出る未知の音声のつながりに、何らかの見地から切れ目を与え、話し手たちがどの音を同じものと認識し、どれを違うものとして区別しているかを決定し、それらを文字化することだった。

　このような情況に否応なしに立たされた彼らは、書かれた古い資料を唯一の手がかりに、書斎に閉じこもって言語の研究をしてきたヨーロッパの言語学者たちが、実は文字（で書かれたもの）をその背後にあった音声そのものと思い込んだり、あるいは文字と音声の区別を曖昧にしたままでいることが、いかに言語の真の姿を理解することを妨げてきたかを切実に認識し、これを痛烈に批判したのである。言語は文字が無くても音声だけで存在できる、いやむしろ音声言語こそが真の言語で、文字は音声言語の不完全な影のようなものに過ぎないのだ、というアメリカ記述言語学のこの認識は、言語研究の歴史において特筆に価するものだと私は今でも思っている。

　ところがその私がもう三十年も前から、ただしこの定義[1]は少なくとも日本語には当てはまらない、したがって全ての言語に普遍的に適用できる公理ではないと主張し続けているのである。（中略）

　私がこのことを思いつくきっかけは、日本語にはやたらと彗星《すいせい》と水星のような同音異義の漢字語があって、しばしば混同されたりして実際困ることもあるのに、一向になくならないどころか、むしろいろいろと新しく作られもするのは、どういうわけだろうと考えたことにある。というのもヨーロッパの言語では、もし何かの理由で二つの違った発音〈音形〉の言葉〈語〉が、どちらも同じ発音になるか、なりそうになると、必ずどちらか一方の語が使われな

語注

1 **この定義**＝「どのような文字で表記しようとも、写真がそれを撮られた人を変えないように、言語そのものは変化しない」という考え。

2 **テレビ型**＝「音声という聴覚情報」と「（記憶されている）視覚情報」を併せて使っているやり方。

くなって、衝突が回避されるのが普通だからである。ただしこのことには二つの語が、同じような文脈や場面で使われ意味が混同される恐れがある場合という条件が付いている。逆に言えばヨーロッパ語では、お互いに意味が無関係である場合に限って、同音語の存在が許されるのである。この現象は〈同音衝突の原理〉と呼ばれている。

　ところが今の日本語では、さきの（すいせい）のように、意味の似た同音語が衝突を起こして、どちらか一方が使われなくなることが少ないだけでなく、反対に似ているが故にわざと新しく作られたりもするのは、日本人はある語を聞いたとき同時にほとんど無意識にその漢字表記を頭に思い浮かべるためではないかと考えたのである。

（鈴木孝夫「[2]テレビ型言語としての日本語」）

(1) 傍線部について、アメリカ記述言語学では言語についてどのように考え、筆者は現在の日本語の特徴をどのようにとらえているか、それぞれ答えよ。

（　　）

（　　）

(2) 本文の内容に合うものとして最も適切なものを次から選び、記号で答えよ。（　）

ア どのような文字を使って書きしるしても、その言語が変わるようなことはなく、それはどの言語についても当てはまる。

イ ヨーロッパの言語では、同じような文脈や場面で使われ意味が混同される恐れがある場合には、同音異義語の使用が回避される。

ウ 日本語の同音異義の漢字語はしばしば混同され、理解できないことが多い。

エ 日本語では、同音異義の漢字語のうち、意味の似た同音同士が衝突して、どちらか一方が使われなくなることが少なくない。

〔滋賀県立大－改〕

○読解のポイント

言語と文字の関係を踏まえ、音声だけで存在する言語と、筆者が考える日本語の特徴をそれぞれつかむ。

　アメリカ先住民たちの言語の研究から「音声言語こそが真の言語」とまでいう、音声と言語の関係をとらえる。そのうえで、筆者が「どんな文字で表記」しても「言語そのものは変化しない」という定義が、日本語には当てはまらないと考える理由をとらえる。

　日本語に当てはまらない理由については、ヨーロッパの言語の同音異義語の扱いと、日本語の同音異義語の扱いの違いから読み取れる。

著者紹介

鈴《すず》木《き》 孝《たか》夫《お》　一九二六（大正一五）年〜二〇二一（令和三）年。東京都生まれ。慶應義塾大卒。言語社会学が専門。「ことばと文化」「日本語と外国語」「武器としてのことば」など著書多数。

時間 20分

月　日

解答 別冊19ページ

「モード[1]は二種類のリズムの関係として定義できる。一つは消耗[2]のリズム(u)であり、これはある一つのピースないし衣服一揃《そろ》いが新しいものに変えられる自然的時間を物質的欲求という面だけについて測ったものである。もう一つは購買のリズム(a)であり、同じピースないし衣服一揃いを二回買う間の時間的なへだたりを測ったものである。モード(現実のモード)とはa／uであるといっていいだろう。もしu＝a、つまり衣服が消耗に応じて買われるものであるとすれば、モードは存在しないはずだ。もしu＞a、つまり衣服の消耗が購買を上まわっているとすれば貧困状態があることになるし、もしa＞u、つまり購買が消耗を上まわっているならば、そこにモードが存在することになる。購買のリズムが消耗のリズムを越えていればいるほど、モードの支配力は強いわけである。」(ロラン・バルト『モードの体系』)

「GM[3]の勝利」は、自動車を現代の服飾[4]と同じ、デザインと広告とモードの商品としたことにある。一八年以上にわたって同一機種を生産しつづけた「不滅の車」T型フォードの思想を反転し、モードの固有性である「年次性」の商品に転換したことにある。「アクセレレーター」というアメリカ的に率直な表現をその本質としてロラン・バルトが引照するように、モデル・チェンジとは消費のアクセルを踏むことをとおして、経済的な「繁栄」のアクセルを踏みつづける戦略である。

バルトのいうa／uが1よりも大であること。ますますこの数値が大となる方向に回転を加速すること。このようなモデル・チェンジと(モードの論理)が、消費社会を駆動[5]するメカニズムである。

a／uの数値を大きくすること、つまり購買の「回転を早く」することは、①モードに固

語注

1 **モード**＝ファッションなどの流行。
2 **消耗**＝使っているうちにすり減ること。
3 **GM**＝アメリカの自動車会社ゼネラルモーターズの略。
4 **服飾**＝衣服とその飾り。
5 **駆動**＝動力を与えて動かすこと。

有の自己否定をとおしてなされる。
「モードは、きのうは「みごとにデザインされたライン」であったものを、平気で「折れ目と裂け目」呼ばわりする。モードは「今年のテーラード・スーツは、若々しく、しなやかなものになるでしょう」というのだが、してみると去年のスーツは「年寄りじみて、堅かった」のだろうか？」（ロラン・バルト、同書）
モードはこの自己否定をとおして世界を支配する。デザインは「それ自体として」モードとなるのではない。②同一のデザインを肯定しまた否定する広告の声をとおして、モードは支配する。

（見田宗介「現代社会の理論」）

(1) 傍線部①「モードに固有の自己否定」の意味として最も適切なものを次から選び、記号で答えよ。（　　）

ア 商品は消耗に応じて買われるためモードが存在しないこと。
イ 個人の嗜好《しこう》の独自性を失わせて流行の儀式に合わせること。
ウ すばらしいデザインでも時間が経つとありきたりになること。
エ 一つのデザインがよい部分と悪い部分の両面を持っていること。
オ 新たなデザインの出現が過去のデザインを古く感じさせること。

(2)☆ 傍線部②「同一のデザインを肯定しまた否定する広告の声をとおして、モードは支配する」とあるが、モードは何を支配するのか、文中の漢字四字のことばを抜き出せ。

［駿河台大－改］

○読解のポイント

対比の構造に着目しよう。「消耗のリズム（u）」と「購買のリズム（a）」との**対比**がある。また、「モードに固有の自己否定」に関しては、「新たなデザイン」と「過去のデザイン」との**対比**がある。
このように、二つのものの対比（**二項対立**）で展開する文章が多い。こういう点に気をつけて頭の中を整理しながら読んでいくと、内容がとらえやすくなる。

参考

ロラン・バルトのモード論
ロラン・バルトはフランスの記号学者・思想家。その著「モードの体系」（一九六七年）は、当時のフランスのモード雑誌の言語表現を対象にし、モード（衣服）の流行の世界をつぶさに分析したもの。

著者紹介

見田《みた》 宗介《むねすけ》 一九三七（昭和一二）年～二〇二二（令和四）年。東京都生まれ。社会学者。「社会学入門」「現代社会の社会意識」などの著作がある。

22 詩の解釈と鑑賞

時間 20分

解答 別冊20ページ

月　日

雨について

永瀬清子

雨についてずいぶんながく思っていた、
お前はただ［A］に降るものだと――。
けれども今日大降りの中を岡山を発った。

新幹線は雨を追いぬいて雨の向う側へ出た。
姫路の手前[1]で又雨が追いついた。
山々の間で①雲が湧いて居り
道路はぬれて紺色に光っている
赤や黄の小学生の雨傘の列だった。
大阪へ降りたら②カラリと晴れていて
私だけがレーンコート。
雨について誰も思ってもいないようだった。
私が梅田から大手町まで来たとき雨は追って来て
雨具のない人々は軒先[2]へ走りこんだ。
私の方が一足早かったねと私は云った。
③雨は私と平行だった
大きな④銀色のスカートで追って来た。

語注

1 手前＝それより前。
2 軒先＝軒の先のあたりのこと。

雨は［B］に走ってくるものだと云うことが
よくわかった。
⑤いままでのながい思いちがいも。

(1)☆ ［A］・［B］に入る語句の組み合わせとして適切なものを次から選び、記号で答えよ。（　　）

ア 自然―不自然
イ 昼―夜
ウ 垂直―横
エ 土地―人
オ 静か―声高

(2) 波線部「雨は追って来て」について、次の(i)・(ii)に答えよ。

(i) **波線部で用いられている技法は何か。最も適切なものを次から選び、記号で答えよ。**（　　）

ア 連体中止法　**イ** 倒置
ウ リフレイン　**エ** 直喩
オ 擬人法

(ii) **詩の中の傍線部①～⑤のうち、波線部と同じ技法が用いられている詩句はどれか。最も適切なものを次から選び、記号で答えよ。**（　　）

［実践女子大］

○読解のポイント

西から東へと移動する雨と乗り物で移動する作者とが、追いつ追われつした様子を楽しげに歌っている。また、雨傘やレーンコートなどの語句から色彩も見えてくるので、**情景**を想像しながら読みたい。

「雨傘の列」「私だけがレーンコート」などの表現から、雨が降っているかやんでいるかがとらえられれば、雨と私の追いかけっこであることが読み取れるだろう。また、最初の二行で述べられた思い込みが、最後の三行では変わっていることも読み取る。

著者紹介

永瀬《ながせ》 清子《きよこ》 一九〇六(明治三九)年～一九九五(平成七)年。一九八七年に「あけがたにくる人よ」で現代詩女流賞を受賞。代表作に詩集「グレンデルの母親」がある。

23 短歌の解釈と鑑賞

時間 20分

解答 別冊20ページ

月　日

『山家集[1]《さんかしゅう》』を読めばすぐ明らかに分るように、西行《さいぎょう》はふかく桜に①魅入られた人間であり、数知れぬほど多く桜の歌を作っている。それに関して見逃しえないのは、散る桜、散る花を詠じたものがきわめて多いということに他ならない。西行はただ枝々に咲きつづけ、咲きとどまる花を歌ったのではなかった。[A]すれば、散らない桜は桜ではなかった。散るところにこそ、この花の真のすがたがあらわれていた。――西行はこう考えていたのではないかという気がつよくしてくるのである。いくつか、そういう和歌をあげていってみよう。

あくがるる心はさてもやまざくら散りなんのちや身にかへるべき　（六七）

風越《かざごし》の峯《みね》のつづきに咲く花はいつ盛りともなくや散るらん《散るのだろうか》　（八三）

ならひありて風さそふとも山桜尋ぬるわれを待ちつけて散れ　（八四）

吉野《よしの》山谷へたなびく白雲は峯の桜の散るにやあるらん　（一一〇）

もろともにわれをも具して《つれて》散りね《散れ》花憂き世をいとふ心ある身ぞ　（一一八）

眺むとて花にもいたく《とても》馴《な》れぬれば《たので》散る別れこそ悲しかりけれ　（一二〇）

いざ今年散れと桜を語らはんなかなか《かえって》さらば《そうなら》風や惜しむと　（一五〇）

これら七首は『山家集』の上巻、春の部からの引用だが、これだけでも「[B]」について、さまざまな趣を呈[2]しているのが読みとれるだろう。「[C]」の中にすべてがある、と言っている気配もする。一一〇のように、吉野山の世に名高い桜にむかって、文字通りにそ

語注

1 『山家集』＝平安時代末期の西行の歌集。
2 呈する＝表す。示す。

読解のポイント

短歌は万葉の時代から千三百年以上にもわたって生きつづけてきた日本伝統の文学形式である。このような長い歴史をもつ**短詩型文学**の例は世界でもほかにない。

ベストセラーになった俵《たわら》万智《まち》の「サラダ記念日」は「この味がいいねと君が言ったから七月六日はサラダ記念日」といったような現代の日常語で詠まれた歌集として有名であるが、短歌は現代のものでも**文語体**で詠まれることも多い。

今回の歌の題材である「桜」について、桜の散ることと、自分の命が散ることとをあわせて考えた西行は、歌にどのようにその思いを表現しているだろうか。歌そのものを**くり返し**読みながら、本文の説明と照らし合わせて読んでみよう。短歌や俳句、詩などは、ひと言ひと言、立ち止まって意味を自分なりに考えて読むことが大切である。

の散るのを惜しむ素直な作もあるし、一一八のように、散るというのなら、心に憂さを秘めているこの私も伴っていっしょに散ってくれ、と要求している歌もある。また、一五〇の歌などは、②今年はいつもの年とは反対に、桜に対して早く散ってくれと言ってみよう、風は花を散らすのを惜しんでくれるかもしれない、といかにも技巧的な詠みぶりである。

（高橋英夫「西行」）

(1) **傍線部①「魅入られた」の意味に近いものを次から一つ選び、記号で答えよ。**（　　）

ア 気持ちを引きつけられた　**イ** 魅力を取り入れた

ウ 魅力を感じとった　**エ** 身動きがとれなくなった

(2) **A に入れるのに最も適切なものを次から選び、記号で答えよ。**（　　）

ア 極言　**イ** 換言　**ウ** 公言　**エ** 放言　**オ** 過言

(3) **B・C には同じ語が入る。最も適切なものを次から選び、記号で答えよ。**（　　）

ア 散る　**イ** 別れ　**ウ** 桜　**エ** 花　**オ** 心

(4) **傍線部②「今年はいつもの年とは反対に」で、筆者は西行のどのような願望が込められていると解釈しているか。最も適切なものを次から選び、記号で答えよ。**（　　）

ア 今年は、自分が桜に語りかけること。

イ 今年は、桜に「早く散ってくれ」と言うこと。

ウ 今年は、風が花の散るのを惜しんでくれること。

エ 今年は、自分ではなく花自身が散るのを惜しむこと。

オ 今年は、自分ではなく風が桜を散らすこと。

［流通経済大］

参考

短歌を読むときには「句切れ」を考えることが重要である。歌の中で内容が切れているところが句切れとなる。（一一八）は「散りね花」で切れて三句切れ。（一五〇）は「語らはん」で切れて三句切れ。

著者紹介

高橋《たかはし》 英夫《ひでお》　一九三〇（昭和五）年〜二〇一九（平成三一）年。東京都生まれ。ドイツ文学者・評論家。「現代作家論」「志賀直哉 近代と神話」「ブルーノ・タウト」などの著作がある。

24 俳句の解釈と鑑賞

時間 20分

月　日

解答 別冊21ページ

ちょっと見てすぐ句にするとか、ちょっと考えてすぐ句にするとかいうことは、言葉それ自身が表すように軽薄なことであります。①句作をしようとする場合、物を見るには「②じっと眺め入ること」が必要であるし、物を考えるには「じっと案じ入ること」が必要であります。（中略）

昔の俳句の大家はたいがいじっと案じ入った人であります。俳句などというものは当意即妙で頓知《とんち》さえあればできるもののごとく心得ている人がずいぶんありますが、そうではありません。むしろ③頓知などという言葉とは反対に、一心にものに案じ入ることによってできるのであります。

[1]芭蕉の弟子にはいろいろの人がありました。が、中でももっとも頓知というようなことに遠かった人は[2]去来《きょらい》のように考えられます。④この人の俳句を見るといかにも愚鈍らしいところがみえます。愚鈍といったところで、むしろいい意味の愚鈍でいやに才走ったところは少しもなく、実直な、鈍重な風格を備えているのであります。

近代の人の句にはいかなる人の句にもこの鈍重の趣を欠いております。これは時代の相違もあることで、今の人に[3]元禄時代の去来のような句を作れと言ったところでそれは無理かもしれませんが、しかしその鈍重の趣を欠く理由の一つにはこのじっと案じ入ることの修業が足りない点があります。

試みに去来の句を二、三句抜き出してきてこの辺の消息を少しお話ししてみましょう。

湖の水まさりけり五月雨　去来

語注

1 **芭蕉**＝松尾芭蕉。江戸時代前期の俳人。さび、しおり、ほそみ、軽みなどを持つ蕉風を確立した。「おくのほそ道」などの紀行文がある。

2 **去来**＝向井去来。江戸時代中期の俳人で松尾芭蕉の弟子。

3 **元禄時代**＝江戸中期の、徳川綱吉の時代。上方を中心に華やかな文化が花開いた。

4 **近江**＝滋賀県の旧国名。

これは去来の句といえば誰も第一に持ち出すほど有名な句でありますから、まずこの句について吟味してみましょう。句意はきわめて明白で五月雨の降るころ近江《おうみ》[4]に行ってみると、あの広大な琵琶《びわ》湖の水が降り続く雨のために増しておった、というのであります。
ちょっとみるとただ事実をありのままに言ったものととれますが、しかしよくみると、この句には去来のじっと案じ入った心のあとが力強く印象されています。

（高浜虚子「俳句の作りよう」）

(1) 傍線部①「句作」について、そのコツを筆者はどのようなことだと述べているか。文中から十二字で抜き出せ。

(2) 傍線部②「じっと眺め入ること」とあるが、この「じっと」と最も意味の近い用法を次から選び、記号で答えよ。（　　）

ア 雨が止むまでじっとしている　**イ** 母の帰りをじっと待つ
ウ 周囲の批判にじっと耐える　**エ** 去りゆく友の手をじっと握る
オ 次の手をじっと考える

(3) 傍線部③「頓知などという言葉」とあるが、この「頓知」と置き換えることのできないことばを次から選び、記号で答えよ。（　　）

ア 機才　**イ** 才覚　**ウ** 機知　**エ** 英知　**オ** 即知

(4) 傍線部④「この人の俳句」の特徴を、四十字以内で説明せよ。

［東北学院大―改］

○読解のポイント

俳句は十七音からなる、世界最小の詩である。季節を表す言葉である**季語**や、「や」「かな」「けり」といった**切れ字**などにより、短いながらもさまざまな味わいを生み出すことができる。
鑑賞文では、切れ字や表現技法などによって強調される俳句そのものの表現だけではなく、筆者がどのように感じ、どのように評価しているのかも合わせて読み取ることが大切である。

著者紹介

高浜《たかはま》 虚子《きょし》　一八七四（明治七）年～一九五九（昭和三四）年。愛媛県生まれ。俳人・小説家。正岡子規に師事し、俳句雑誌「ホトトギス」を継承した。

25 思想の本質

偉大な思想家の思想といふものは、自分の考へが進むに従って異なって現れて来る。そして新たに教へられるのである。例へば、古代のプラトンとか近代のヘーゲルとかいふ人々はさうと思ふ。私はヘーゲルをはじめて読んだのは二十頃であらう、併《しか》し今日でもヘーゲルは私の座右[1]にあるのである。はじめてアリストテレスの『形而上学《けいじじょうがく》』を読んだのは、三十過ぎの時であつたかと思ふ。それはとても分からぬものであつた。然《しか》[2]るに五十近くになつて、俄《にはか》[3]にアリストテレスが自分に生きて来た様に思はれ、アリストテレスから多大の影響を受けた。私は思ふ、書物を読むと云ふことは、①自分の思想がそこまで行かねばならない。一脈通ずるに至れば、暗夜に火を打つが如《ごと》く、一時に全体が明らかとなる。偉大な思想家の思想が自分のものとなる。私は屢《しばしば》若い人々に云《い》ふのであるが、偉大な思想家の書を読むには、その人の骨《こつ》といふ様なものを摑《つか》まねばならない。そして多少とも自分がそれを使用し得る様にならなければならない。偉大な思想家には必ず骨といふ様なものがある。大なる彫刻家に鑿《のみ》[4]の骨、大なる画家には筆の骨があると同様である。骨のない様な思想家の書は読むに足らない。顔真卿《がんしんけい》[5]の書を学ぶと云っても、字を形を真似《まね》するのではない。

例へば、アリストテレスならアリストテレスに、物の見方考へ方といふものがある。そして彼自身の刀の使ひ方といふものがある。それを多少とも手に入れれば、さう何処《どこ》までも委《くは》しく読まなくとも、かういふ問題は彼からは斯《か》[6]くも考へるであらうといふ如きことが予想せられる様になると思ふ。私は大体さういふ様な所を見当にして居る。②それで私は全集といふものを有《も》つてゐない。カントやヘーゲルの全集といふものを有たない。無論私はそれで満足といふのでもなく、又決してさういふ方法を人に勧めもせない。さういふ読み方は真にそ

語注

1 **座右**＝身の回り。身近なところ。「座右の銘」とは、常に自分の心にとめておいて、戒めや励ましとする格言。
2 **然るに**＝（接続詞）「ところが」（逆接）。「すると」（順接）。（ここでは逆接）
3 **俄に**＝急に。
4 **鑿**＝木を彫ったりするのに用いる工具。
5 **顔真卿**＝中国、唐の時代の政治家で、書の達人として知られる。
6 **斯くも**＝（指示語）「このようにも」、の意。
7 **骨髄**＝骨の中心の組織。心の中。心の底。要点。
8 **然らざれば**＝（接続詞）「そうでなければ」。
9 **免れる**＝いやなことや危ないことをしないですむ。のがれる。
10 **徒らに**＝役に立たないさま。むだに。
11 **膚浅**＝浅はかなこと。
12 **粗笨**＝荒っぽくて、ぞんざいなこと。

時間 20分

月　日

解答 ▶ 別冊22ページ

の思想家の[7]骨髄に達することができればよいが、[8]然らざれば主観的な独断的な解釈に陥るを[9]免《まぬか》れない。読書は何処までも言語のさきざきまでも正確に綿密でなければならない。それは云ふまでもなく万人の則《のっと》るべき読書法に違ひない。それかと云つてあまりにさういふ方向にのみ走って、[10]徒《いたづ》らに字句によって解釈し、その根底に動いて居る生きものを攫まないといふのも、[11]膚浅《ふせん》な読書法といはなければならない。精密な様で却《かへ》つて[12]粗笨《そほん》といふこともできるであらう。

（西田幾多郎「『続思索と体験』以後」）

(1) 傍線部①内の「自分の思想がそこまで行」くとは、具体的にはどういうことを指すと考えられるか、わかりやすく説明せよ。

（　　　　）

(2)☆ 傍線部②「それで私は全集といふものを有つてゐない」と記しているが、それはなぜか、またそのことを筆者はどのように考えているのか、わかりやすく説明せよ。

（　　　　）

［京都大］

○ 読解のポイント

西田幾多郎の読書論。文体はそれほど堅苦しくないが、文語表記に読みづらさを感じるかもしれない。

本文では、すぐれた思想家の思想は、その奥にある見方・考え方の核心を体得して初めて理解できると述べている。著者の**思想の本質に迫る**ことがポイントとなる。

著者紹介

西田《にしだ》 幾多郎《きたろう》 一八七〇(明治三)年〜一九四五(昭和二〇)年。日本を代表する哲学者。著書「善の研究」は、旧制高等学校の生徒の必読書であった。彼の哲学は西田哲学と呼ばれる。京都学派の創始者である。

26 現代の課題

時間 20分

月　日

解答 別冊23ページ

すでに過去に起こった「予測できない未来」に、私たちは、どのように「主体的に判断し、行動し、よりよく問題を解決」しようとしてきたのか。そこで必要な資質や能力は何であったのか。それはどのように育成されたのか、されなかったのか。

これらの問題に帰納型思考を通じて答えることで、不可知論や循環論[1]に陥らない政策議論ができるはずだ。(中略)

不確実性の罠に陥らないためには、将来社会の変化自体を、分析的に捉え直す必要がある。ＡＩの発達で、なくなる職業がある、だからこれまでにない資質や能力が求められるといった程度の曖昧な言明ではなく、不確実性という問題が提出されたときに、私たちがそれをいかに理解してきたかを顧みながら、不確実性の罠を見破っていくのだ。今回の新型コロナウイルスの感染拡大とその社会への影響といった、現在進行中の事態がいかなる不確実性をいかにもたらしたか。それに私たちはどのように「主体的」に対応してきたのか。この現在進行中の事態を念頭に置くだけでも、不確実性について、より現実的な観察とそれに基づく考察が可能になるはずだ。(中略)

「主体性」育成をめぐる議論が混迷に陥るのは、理想的で受け入れられやすいその言辞に比して、未来志向の不確実性の罠にはまりやすいからだ。人々が現在の生活に不安を持つほど、その不安は未来(＝次世代)に転移される。不可知論だとわかっていても、不確実性という問題設定が説得力を持つのはそのためだ。

それでは不確実性の罠から逃れるために、私たちは何をすればよいのか。

必要なのは過去の経験の徹底した帰納的検証である。予想できない変化に対応できたと見なすことのできる「成功事例」やできなかった「失敗事例」をもとに、それぞれの局面で、

語注

1 循環論＝論証すべき内容が、論証の根拠として使われ、堂々巡りになること。

担当した人々や組織が何を行ったのか、どのような判断を下したのか、それらを可能にした条件は何かを帰納的に検証することである。

過去において、私たちが不確実な未来にどのように対応できていたのか、できていなかったのかを調べる方が、具体的で実際的な人々の思考や行動を跡づけることができる。その痕跡の中に、教育がすくいあげるべき課題が埋め込まれているはずだ。２０２０年初頭からの新型コロナウイルスが招いた甚大な影響に対し、私たちは何を考え、どのように行動してきたのか。こうした予測もできなかった現在進行中の世界大の出来事に、私たちはどのように立ち向かってきたのか、立ち向かっていくのか。政治は、行政は、企業は、私たち個人は、そこでいかなる「主体性」を発揮してきたのか、してこなかったのか。現実に迫る難問に直面することで、そこで問われる資質や能力や、個人を超えた組織のあり方をより具体的に理解できるはずだ。

（苅谷剛彦「コロナ後の教育へ」）

(1) 傍線部「帰納型思考」を最も的確に言い換えている部分を文中から十五字で抜き出せ。

(2) 筆者は今日において「主体性」を発揮するためには、どのように思索していったらよいと述べているか。適宜自分のことばを補いながら説明せよ。

〔岐阜大―改〕

読解のポイント

現代の問題についての評論である。新型コロナウイルスによるパンデミックのような、「予測できない未来」に主体的に対応するために、不確実性にはまりこまず、過去の事例から学ぶことが大切であると述べられている。

「主体的」「主体性」「不確実性」といったことばに注意しながら、筆者が示す「予測できない未来」への対応策を読み取りたい。

著者紹介

苅谷《かりや》 剛彦《たけひこ》 一九五五（昭和三〇）年〜。東京大学大学院教育学研究科修士課程修了。ノースウェスタン大学大学院博士課程修了。社会学博士。オックスフォード大学教授。社会学・現代日本社会論が専門。「階層化日本と教育危機」「教育と平等」などの著書がある。

編集協力　エディット
装丁デザイン　ブックデザイン研究所
本文デザイン　A.S.T DESIGN
DTP　スタジオ・ビーム

大学入試 ステップアップ 現代文【基礎】

編 著 者　大学入試問題研究会
発 行 者　岡　本　泰　治
印 刷 所　寿　　印　　刷

発 行 所　受験研究社

〒550-0013 大阪市西区新町２丁目19番15号
注文・不良品などについて：(06)6532-1581(代表)／本の内容について：(06)6532-1586(編集)

Printed in Japan　高廣製本
落丁・乱丁本はお取り替えします。

01 文脈① ………… 4・5ページ

(1) ウ
(2) オ

ポイント

◆冒頭の部分では、「寵妃エメ」が「宝石はただ一つしか身につけ」ないことを例に挙げ、そのことを「センスが良い」とするならば、そのような評価は筆者にとっても「不都合ではない」と述べている。なぜ「不都合ではない」のか、このあとの文章の流れにも関わる話題を提示している。

◆「寵妃エメ」の「宝石はただ一つしか身につけ」ないという態度が、「フランス生れ」の心意気を貫くのにどのように役立ったかをとらえる。輿に乗ったエメの姿は人々には見えず、奴隷女の捧げる「宝石を山盛りした銀盆」だけが目立つという点を、筆者は「ユーモラスで、微笑をさそわれる」と評している。

◆「私は、宝石に興味を持ったことがない」で始まる段落では、宝石に興味が持てない理由について、「つくり方」を挙げて説明している。

◆「歩調が乱れたのは」以降の部分では、「宝石に興味を持ったことがない」筆者が、「宝飾の素晴らしさに目を見張」ったことが紹介されている。そのきっかけとなったのは、「トプカピ宮殿の宝飾の展示」と「グラン・バザール」である。

◆宝石を身につけるための宝飾について、筆者の考えをつかむ。冒頭の宝石に関する部分では宝石に対する筆者の無関心が述べられ、一転してイスタンブールの宝飾を見て、飾ることに凝る素晴らしさに気づくのである。この**筆者の考えの変化**を読み取ろう。

解説

(1) 傍線部①を含む文の前に、「寵妃エメ」の「宝石はただ一つしか身につけなかった」という態度が紹介されている。そして、そのような態度に対する高い評価を、筆者は「私にも決して不都合ではない」と述べている。あとの部分を読むと、筆者が宝石に興味を持ったことがないことがわかり、そのような筆者とエメの共通点として、あまり宝石をつけないことが浮かび上がってくる。

(2) 傍線部②の直後の部分には、「トプカピ宮殿の宝飾の展示」を熱心に取材したことについて「いけなかった」と述べている。まずこの時点で、宝飾に強い興味を持ち始めているのである。さらに続く文で、「グラン・バザールも取材したからなお悪い」と、興味が一層強くなった様子が述べられている。

要約

寵妃エメは宝石を一つしかつけず、あとの宝石を輿のうしろを歩く奴隷女に捧げさせることで心意気を貫いた。そのつくり方から、宝石に興味が持てなかった筆者にとっては、エメのように少ししか宝石を身につけないほうがセンスが良いという考え方は都合がよかった。筆者の宝石への無関心は長く続いたが、イスタンブールのトプカピ宮殿の宝飾の展示とグラン・バザールの取材によって、強い興味を持つに至った。

ひっぱると、はずして使えます。

02 文脈 ②

6・7ページ

(1) ア (2) イ (3) ウ

ポイント

◆空欄に接続詞を補充する問題は、特に私立大学等の入試において頻出である。基本的には、**空欄の前後の関係**と、選択肢の接続詞が示す前後の関係が一致するかどうかを判断して解く。各接続詞が示す前後関係は、文章に出てくるたびに意識して整理分類する癖をつけていくようにしよう。

◆空欄に適語を補充する問題は、大学入試では頻出である。空欄の近くにある**接続詞**や**空欄に係る語句**をヒントにして考えよう。

◆随筆であっても、客観的に読み取れることのみを根拠にして問題を解かなくてはならない。自分で勝手な解釈を加えないように注意しつつ、各選択肢を吟味しよう。

解説

(1) 空欄の前の文に、「若ければ…」とあり、空欄のあとには、「いつになっても…」とある。この二つの部分に、限定があるかないかについて逆接が認められる。よって、**ア**「しかし」という逆接の接続詞が正解となる。**イ**「かえって」は迷うかもしれないが、因果関係上における逆接部分にしか使われず、今回の文脈では因果関係は認められないので不適。**ウ**「それとも」は選択、**エ**「したがって」は結果を示し、いずれも不適。

(2) 空欄の前に「しかし」という逆接の接続詞があり、その前に「予備知識は、旅情を一層深めるものである」とある。B は「何等の先入見なしに、ただ自分の」に続く部分であることから、**ア**「知識」、**ウ**「経験」は不適。**エ**「理性」は、論理的な判断等を行う思惟に対して使う言葉であり、この文脈には意味的に不適。正解は、文脈的にも意味的にも**イ**「感覚」となる。

(3) **ア**・**イ**の内容は、ともに本文に記述がない。**ウ**は、最後の段落にある「旅行の予定地に対する多少の予備知識は、旅情を一層深めるものである」に合致する。「自分が見て経験した風景の味わい」という記述は本文に直接的にはないが、「旅情」を言い換えた言葉として適切である。

要約

新しい環境は感受性を研ぎ澄ませる。一度行ったことがある場所を訪れた時の感覚と比較して、やはり未知の場所に行った方が旅情を感じることができる。さらに、若ければ、何処へ行っても常に新鮮な印象を受ける。未知な場所の場合は常にそういった印象を受けることができる。訪れる場所に対しての予備知識は、旅情を深めるものである。一方で、先入見なしに訪れた場所が、あとになって一層懐かしくなることもある。

03 話題と主旨①

8・9ページ

(1) イ
(2) ア

ポイント

◆冒頭の部分では「近代国家」の**特徴**が説明されている。「近代国家」は「中央集権の統一国家」であるために、「国家がすなわち世界」であること。また、「不可避的に世界制覇の野望を内包」しているために、植民地獲得など自国の主権の支配を世界に及ぼそうとする行為が行われたことが述べられている。それらのことを「侵略されはじめたころのアジア諸国」の「おおらかさまたは無頓着さ」と比べている。

◆日本の動物園は「近代国家をつくったのと同列のこと」であるが、「ヨーロッパに模し」たものでもある。ヨーロッパ人は、「自然からの疎外感」を「動物を飼育」「動物園をつくること」で解消しようとした。一方で、「近代以前の日本人」は「近代国家」という考え方がなく、「一部の少数の動物を飼い馴らす」にとどまり、植物についても「狭い限られた空間に自然を縮約」して「人工的世界のなかに自然を引き入れ」ようとしていた。

◆「近代国家」の前提とする**思想を読み取り**、内在的かつ必然的に植民地を獲得しようとしたことをつかむ。「近代国家」の前提とする思想は自然も対象とするものであり、動物園がつくられた。主な話題である「近代国家」の特徴を読み取り、一方で日本などアジア諸国がどうであったかの**違いをつかむ**ことで、日本で内発的に動物園が出現しなかった理由を理解したい。

解説

(1) 傍線部①を含む段落では、「近代国家」の特徴が説明されている。「近代国家」では、「国家というものを一つの統一的全体」と考えていた。つまり「国家がすなわち世界でなければならない」のであり、「国家はすべてのものを含んでいなければならない」のである。そのため、世界中に自国の支配を及ぼさなければならず、「植民地獲得に乗り出した」のである。

(2) 傍線部②の前後から、当時の日本とヨーロッパの違いをつかむ。「アジア諸国」に「国境に関するおおらかさまたは無頓着さ」があったのは、「近代国家」という「国家というものを一つの統一的全体と考える思想を前提」とする国家観がなかったからである。同様に、「近代以前の日本」においても「近代国家」の前提とするような考えがなかったため、自然に対して「動物園」をつくって「疎外感」を解消するという発想がなかったのである。

要約

「近代国家」とは、「国家というものを一つの統一的全体と考える思想」が前提であり、「不可避的に世界制覇の野望を内包」するため、植民地獲得や自然からの疎外感解消のための動物園づくりをしなければならなかった。しかし、近代以前の日本では近代国家のもつ国家観がなく、動物を人工的世界の中に取り込もうという考えもなかった。

04 話題と主旨 ② 10・11ページ

(1) ウ
(2) イ

ポイント

◆読解のポイントでも述べたように、本文は**文体**について書かれた文章であり、今までの文体に対する常識(詩人や作家が技術として文体をつくっている)を否定しようとしたものだ。

◆つまり、何を書くかは作者にもわかっておらず、書くことによってはじめて何を書きたかったのかを知るというのである。これは自分たちの作文や手紙のことを思い出してみると、よくわかるだろう。書いた文章というのは、書く前に考えていたこととぴったり同じではないのだ。

◆それをあたかも書き手がはじめからそう書こうとして、技術的にそういう文体をつくり上げたのだとするのが今までの常識だった。筆者は、それは結果的にあとから見いだされるものであって、最初から存在していたものではないと言っているのである。

◆以上のことを理解してもう一回、本文を読み直してみよう。

◆前半の段落では、右に述べた**文体**と**作者**の**関係**について述べ、後半では、従来の文体研究の常識派から出そうな、「そんなふうに言ったら文体とは何かわからなくなるぞ。ちゃんと定義しろ!」という**反論**に対して、そういう意識から文体を解放して、全体としてとらえることが大切なのだと述べている。これが**主旨**。

解説

(1) まず空欄は何についてのコメントが入るのか。つまり、ここでの話題は何かを考えよう。すると、次の行に「文体意識」とある。つまり「表現の技法」「個性的手法」と並ぶのは、何からの「個性的逸脱」かという問題に直すことができる。**ア**は個性的手法と重なるので正しくない。**エ**では意味が通らない。「葛藤から逸脱する」はおかしい。逸脱は外れるやそれるという意味であるので、ここでは**ウ**がふさわしい。**イ**も惜しいが、ここは、そういうふうにしか考えられていない文体意識を変えよと言っているので、より常識的な**ウ**が正解。

(2) **ア**は常識に属していて筆者の主張とは反対。**ウ**は観念の連想をおさえておくだけでは明らかに不足。常識をひっくり返さなければならないのに、少し訂正(追加)しただけだからだ。すると、文体について考えるには、完成したものをあたかも技法のように見るのではなく、いかにして生まれたかまで引き返してそこから考え直す必要がある。したがって、**イ**が正解となる。

要約

文学者はことばを駆使する専門家であるといった一面的な考えが常識となっており、文体に対する考えもその常識のうえに立って考えられている。しかし、詩人や作家は、書かされたことばのつらなりによって思想や自己を発見するのだと、従来の常識をくつがえす。文体とは、このような不安定なところから発生するものなのである。文体は読者によって安定化され、批評家や文学研究者によって客観化される。しかし、文体とは容易に定義づけのできないものである。これは文学についても同様であり、定義できないという点で、文体と文学とは等身大である。

05 文章構成 ……… 12・13ページ

(1) ④
(2) A **イ**　B **オ**　D **ウ**
(3) **イ**

ポイント

◆本文の**段落構成**をまとめてみよう。
①ことわざの解釈の違い（従来をX、若者のものをYとする）
②Yは間違いではない
③Yの解釈の中身
④Yの解釈をよしとする理由
⑤Xの解釈の中身
⑥とりようによってのXへの評価
⑦結論としてのXへの評価

◆このように、各段落の内容を短く言い換えて並べてみると、文章の**構成**がよくわかる。

◆読解のポイントで述べたように、いくつかの**かたまり**にしてみよう。

一	①	問題提起
二	②③④	Yの解釈について
三	⑤⑥⑦	Xの解釈について

例えば上の図のようになる。もし国語が苦手なら、このような図をつくることで、本文の内容を整理してみるとよい。

◆この表はそのまま(1)・(2)の答えの重大なヒントになっている。(2)も段落のつながり方を見れば解ける。

解説

(1) ③の段落と迷うところだが、③の段落内容は上段でも述べた「Yの解釈の中身」であって、「Yがなぜよい解釈なのか」の「理由」ではない。④の段落では、一文目でYの解釈についての評価を述べたうえで、二文目以降でその理由を説明している。

(2) 上段の段落構成も参考にする。まず、③の段落では、②の段落を受けてその解釈の中身について説明をしているため、Aには「つまり」が入る。次に、④の段落では③の段落内容を評価し、「よしとする理由」を述べているため、Bには「そして」が入る。最後に、Dには「しかし」が入る。いやしいことわざとして見られる可能性を挙げたあとで、「そう見るのが正しい」と述べている。

(3) Cの部分は、「艱難汝を玉にす」ということばをもとにして表現している。

要約

なさけは人のためならず、ということわざを、若者は「なさけをかけることは、その人のためにならない」という意味に解釈した。この解釈は決して間違いではない。このように解釈をした上でこのことわざを認めるとすれば、それは他人のなさけを受けることなどは自分のためにはならないという心構えが感じられ、精神が健康であるといえる。このことわざを結果的に自分が得をするという意味に理解すると、物質的で、いやしい人生哲学のようにさえ見られるだろう。こうして努力への慰撫をしているのだが、若い純粋な心には何となしに反発を覚えさせることわざであることは確かだ。

06 指示語と指示内容 ①

14・15ページ

(1) ア
(2) ②心理的効果〈別解〉ことばの心理的効果
③心理的効果〈別解〉ことばの心理的効果
(3) オ

ポイント

◆文脈をしっかりと追って話題をとらえていくにあたり、その途中で重要になるのが**指示語**である。**指示語が指す内容**をつかみながら読み進めていくこと。

◆傍線部②・③「それ」は、単純に「ことばの心理的効果」とわかるだろう。

◆傍線部④「それでは…」の「それ」は、「いいあっているうちに、相手のそれを無視するばかりでなく、うかうかすると自分のことばについてさえそれを見うしなってしまって、口でいいまかされ、しかも『自分のほうが正しいのに』とくやしがる」という事態全体を指している。これを確認したうえで考えること。

解説

(1) 文中の「ニナって」の漢字は「担(って)」。選択肢の漢字は以下のとおり。**ア**負担　**イ**単価　**ウ**短縮　**エ**丹精　**オ**万端

(2) 筆者は、ことばの「論理的側面」よりも「心理的側面」に目を向けさせている。そしてそれを無視し、見失うという事態について述べている。

(3) 「勝った」とは、「論理的側面」で勝ったのである。しかし、「後味がわるい」のはなぜなのか。確かに自分は「正しい」、すなわち「正当性」はこちらにある。しかし、ことばのもつもう一つの側面である「心理的側面」では何の決着もついていない。だから、相手が口でいいまかされたとしても、相手が心から納得していないということをひしひしと感じるのである。

誤答のチェックをしておこう。**ア**・**イ**は、どちらも話の内容の「正当性」に関し「論理」「心理」の両面の対比がおさえられていない。また**ア**の「つまらないことで言い争うべきではなかった」、**イ**の「自分の方が悪かったのかもしれない」という部分は、本文では述べられていない。**ウ**の「相手の論理を無視して」は、「心理的効果を無視して」という内容に合わない。また、**エ**「相手の方が論理的」というのは逆。

要約

ことばの客観的効果は論理に頼っていて、主観的効果は心理に根ざしているとすれば、ことばはつねに論理的側面と心理的側面との二重性を担っているといえる。現代語が拾収すべからざる混乱状態に陥っているとすれば、その原因はこの二つにギャップがあるということだ。日常生活における誤解やいきちがいというものも、たいていはこのギャップから生じているのである。

07 指示語と指示内容 ② ……………… 16・17ページ

(1) ふるい韻律につれない態度をとってきた(18字)
(2) 義理
(3) 例自己・存在

ポイント

◆〈現代詩〉は、音のつながりを目の敵にし、それ(＝音のつながり)をよけて通ってきた。しかし、よけて通ってきたのは老人の方で、わかい人ははじめからアタマにない。わかい人の念頭にないものが何かを意識して読み進めたい。
◆〈現代詩〉が音のつながりを目の敵にし、よけて通ってきたことを、「ニホン語のふるい韻律につれない態度をとってきた」と言い換えて表現している。指示語が出てきたときには指示内容を探りながら読みつつ、**言い換え表現・同内容表現**にも着目したい。
◆(1)が主眼となる指示内容を答える問題であるが、あとに続く内容を踏まえたうえで、内容の見当をつけておく必要がある。本文の特徴の一つといえるが、一文がやや長いため、文脈を丁寧にとらえて読み進めなければならない。解答根拠があとに存在するパターンの問題であることに注意すること。

解説

(1) 前の部分で説明した内容を指示語に置き換えて説明を続けることが一般的ではあるが、あとに出てくる言葉を指し示す場合もあるし、抜き出しや字数指定の指示により、指示語よりあとの部分に解答が存在する場合もある。今回は後者の部類であり、指示語より前の部分から、音のつながりを目の敵にしてきたことやよけて通ってきたことをとらえたうえで、傍線部よりあとの文章から探すことになる。
(2) 「文句をいえた②ではない」は、文句をいえるような立場にないという意味になる。ここでは関係や付き合いという意味の二字熟語があてはまる。
(3) 「てっとり早く記号になっているコトバ」とは、むかしはなかったが、あたらしくつくったコトバであり、急ぎすぎたために意味内容をしかと識ることなく、その意味内容に類似したものをあらわしていると思いこんで使っているコトバである。「おそらく…」で始まる段落に着目して具体例を抜き出せばよい。「自己」「存在」のほか、「世界」「永遠」などが挙げられている。

要約

〈現代詩〉は、ニホン語の五七や七五という音のつながり(＝ふるい韻律)を意図的に使わないようにしてきた。しかし、そのことで読むひとが詩をすてるという仕返しを受けている。ニホン語のむかしのコトバの意味や音だけでは、あらわしていけないものもあるが、あたらしくつくることを急ぐと、意味内容をしかと識らずに記号としてコトバを使うことになる。

08 語彙① ……………… 18・19ページ

(1) A**イ** B**エ** C**カ** D**ク**
(2) **イ・エ・オ**(順不同)
(3) **エ**

ポイント

◆語彙については、知識をどれだけ有しているかがポイント。読解のポイントでも書いたように、日頃から本を読んだり、**ことわざ・慣用句辞典**などを手もとに置き、折にふれて引いたりして、覚えるように努めることが大切。単語帳のように**慣用表現**をまとめて暗記するのもいいが、文章の中で生きた例として覚えるほうが、身につくし忘れない。
◆今回のような機会に、慣用句のグループを意識して意味を調べておくのも有効だろう。今回は「顔」「目」に関するものが問題になっていたが、ほかにも体の部分を使った慣用句は多い。「腹」「手」「足」などは国語辞典にも載っているので、調べておくとよいだろう。
◆(3)では表現に込められた人物の心理をきいている。教授の心理がどのように変わっていったかをおさえることがポイント。

解説

(1) A「顔に泥をぬる」とは、面子《めんつ》をつぶす・体面を傷つけるなどの意味の慣用句。B「目に余る」は、ひどくて見過ごしておけないほどであるという意味の慣用句。Cは「建前」と対になってよく使われる。Dは「花」と対のことば。「花も実もある」＝外観だけでなく内容もすぐれている、などの表現もよく使われる。
(2) 語注を参照。どれもよく使われることばだ。**イ**「目が高い」は対象を認識・評価する能力がすぐれていること、**エ**「目をこやす」はよいものに多くふれてその価値を見分ける力を身につけること、**オ**「目が利く」は物事の本質を見抜く力が高く鋭いことを表す。**カ**「目を通す」はひととおり読むという意味。
(3) 場面の設定と教授の心理とをおさえて考えよう。さらに、この話が前半の日本人の表と裏の例として挙げられていることを考え合わせよう。婦人は内心では心から泣いていたが、表面的には教授に対して優しい微笑を絶やさないようにしていた。その微笑に対し教授は意外な――つまり、悲しんでいないのか？　といった感じを抱いたのだが、うちわを拾おうとして彼女の全身での悲しみを発見したのだ。やや判断の決め手に欠ける点もあるが、ここは**エ**が妥当なところである。

要約

日本人は顔を重んじてきたが、特に目を重んじたらしい。それは、日本語の「目」を用いた多彩な表現が証明しているが、実際はそういった「おもて」のことより、「うら」を重要視してきた。日本人にとって、おもては人格にかかわる重視すべきものではあるが、うらにはその人格を左右する本質がある。日本人にとってうらとは何なのか、その言葉の意味を探らなければならない。

09 語彙② ……………… 20・21ページ

(1) 例 政治はさまざまな考え方を政治的な意見の一つと認め、多様な価値観の調整をすることが本来の機能だから。

(2) イ

ポイント

◆本文は、「政治的思考にとって大切なこと」をまとめている。第一に、政治というものは「多様な価値観の間の調整」をするものであり、極論でない限りはそれぞれに部分的な正しさがある。

◆政治的な討論において、「政治は善悪を論じる場ではない」ということに注意しなければならない。「正しい答え以外は要らない」という考えは、政治がそれぞれの意見を「あくまでも政治的な意見の一つ」として認め、「多様な価値観の間の調整」をするものである限り政治的ではない。そのような姿勢は、「政治が機能する場をなくすことにつながる」危険性がある。

◆第二に大切なことは、「他の人との間の距離の感覚」である。「一人一人の人間の存在をないがしろ」にしないためにも、差異を大切にすることが重要である。

◆「政治的思考にとって大切なこと」を**「第一に」「第二に」**と示された内容をもとに理解し、政治の機能や他者との「距離の感覚」をつかむ。

解説

(1) 傍線部①の理由について、前後の内容から考える。直後の文では、傍線部①のような考えは「政治が機能する場をなくすことにつながる」と述べられている。政治の機能については、傍線部①以前の段落の内容から考える。「第一に」で始まる段落では、「政治的意見」は「明らかに採用できないような価値観」を別として、部分的な正しさのあるものであるとしている。また、「たとえば、政府の」で始まる段落の内容も含めると、さまざまな意見を「政治的な意見の一つ」として認め、「多様な価値観の間の調整」をすることが「政治」であると示されている。これらの内容を踏まえてまとめる。

(2) 傍線部②の選択肢から、本文の内容に沿って「距離の感覚」が述べられているものを選ぶ。**ア**は「同質性の神話」について、「無力化」したとは述べられていないので適切ではない。**ウ**は、「みなと自分とは違うことを考えている」とは限らない。それぞれに意見はあるが、同じ意見の人がいないとは述べられていない。**エ**は、本文の「暮らし向きが仮に同じであったとしても」という内容とは反対の条件で述べられており、適切ではない。**イ**は、それぞれに違った考えがあるので全面的にはわかり合えないのであり、それ故に、人が複数存在することを認めて尊重すべきという本文の内容と合っている。

要約

「政治的思考にとって大切なこと」は二つある。第一は、政治がさまざまな価値観にかかわり、多様な価値観の間の調整をするものであるということを理解し、極論以外の意見を政治的意見の一つとして認めることである。第二は、人はそれぞれ違った考えや意見を持つものであり尊重すべきという、「距離の感覚」が重要ということである。

10 キーワード① ……… 22・23ページ

(1) ア
(2) ウ

ポイント

◆「文学研究」の「出発点」や「終着点」についてまとめている文章である。作品への愛着を「出発点」としている。

◆「文学研究」の「終着点」について、「辿りつく先」を「もっとも広い意味での自然」だと述べている。この自然について、「人間中心主義の自然」ではなく「ただ無限に拡がっている自然」「時空そのものである自然」と説明したうえで、「自然のなかに人間が生まれて、生を営んでいるという事態」を了解することを終着点としている。

◆筆者のいう「自然」について、「分節化して、さまざまな相において捉え直」されているものであるが、「根元はつねにひとつの自然」であることを示したうえで、「そのなかで営まれる人間の生を了解する」ことが文学研究者の眼差しが向く方向だとしている。

◆「文学研究」の「出発点」における愛着のもと、研究に必要な姿勢などを「終着点」における「自然」の考え方、「自然」の中で営まれる人間の生への了解などから、筆者の「文学研究」や「自然」のとらえ方を理解する。

解説

(1) 空欄のあとに、人間には「知的虚栄心」があり、「南蛮渡来の難解な理論など」を操って見せて自分の頭の動きの良さを「誇示してみせる」と述べられている。しかし、文学研究を知的操作をひけらかすような、多くの人に見せることを目的とするようなことをしてはいけないと筆者が考えていることが読み取れる。したがって、空欄には**ア**があてはまる。

(2) 傍線部を含む段落では、「自然」について、「あえて言えば、最終的には、世界の時空そのもの、無限性そのもの」であり、「ひとつ」であるとしている。また、それが「分節化して、さまざまな相において捉え直す」ことで、「宇宙、生命、存在、世界、あるいは自然史」などの言い方ができたり、「人類史という局面で捉える」こともあったりするというのである。したがって、自然はひとつであるが、多様な姿をして人間には眺められると述べている**ウ**が適切である。

要約

「文学研究」の「出発点」は作品に対する愛着である。知的虚栄心などから、作品への愛着なしに難解な理論や頭の動きの良さを誇示するようなことをして、作品を忘れてはいけない。そして「文学研究」の「終着点」は、「無限に拡がっている自然」「時空そのものである自然」の中で、人間が生を営んでいることへの了解である。この自然とは、分節化され、さまざまな言い方がされるものだが、もとはつねにひとつの「自然」である。

11 キーワード② ……24・25ページ

(1) ウ
(2) 例 東京方言として始まった誤用である「ら抜き言葉」が、文法という規則性を持った強制力により同じ活用の動詞全般にも及び、全国に広まったこと。

ポイント

◆人類は偶然に与えられた言語を伝えて暮らしてきたが、現代でも言語は偶然に生み出され、偶然に残って通用しているものである。

◆特に恣意的(＝思いつきによるさま)に生まれるように見える**オノマトペ**は、言語が偶然の産物でありながら強制力を持つという矛盾をはっきりと示している。「チク、タク」や「ピン・ポン」は誕生するとそればかりが使われるようになった。「ピン・ポン」にいたっては、「一つの球技の名称の座を奪った」ほどである。

◆偶然の産物である言語が強制力を持っているという**逆説**は、その逆も真(＝真理)である。言語は強制力を持つが、その性質上、多様な強制力が作用し合ってさらに言語を偶然の産物としている。

◆「ら抜き言葉」は、もともと「見られる」「食べられる」を「見れる」「食べれる」として、「ら」を省略した東京方言の誤用である。それが全国に広まるときに、文法という強制力が働いていた。

◆「ら抜き言葉」は、「文法が文法の誤りを助長した」例といえる。これは、言語が変化する際に、規則性を持つ文法という基本条件を守って変化したことを表している。

◆「偶然の産物」である言語の強制力と、多様な強制力の作用による変化をつかむ。「ら抜き言葉」の広まり方から、「習慣であるままに変化」する言語のありようを理解したい。

解説

(1) 最初の段落では、言語が「偶然」に生まれたものであることをくり返し述べている。それを受けて、「わけてもとくに」とあるので、言語の持つ「偶然」にできるという性質を表している言葉が入る。したがって、**ウ**が正解だとわかる。

(2) 傍線部「破られた結果が強制力を発揮し、新しい習慣の規則性を固めようとする」について、直前の「ら抜き言葉」の広まり方を例に説明する。もともとは「東京方言として始まった誤用」であるものが、文法という「強制力」の影響を受けて、「見れる」「食べれる」以外の同じ活用の動詞に「られる」が接続するときにも、同じように誤用として広まったのである。

要約

人類は「偶然の産物」である言語に包まれて暮らしてきた。言語は偶然に生み出され、偶然に残っていくものである。「偶然の産物」でありながら人を従わせる強制力を持つ言語は、多様な強制力を受けて変化しており、さらに言語を「偶然の産物」としている。

12 キーワード③ ……… 26・27ページ

(1) A共生　B循環

(2) 例人間中心の原理で自然を支配する科学技術を発展させ、人間の生活を便利にも豊かにもしたが、内には人間性を、外には環境を、ともに失う方向に向かっている近代文明。(77字)

ポイント

◆まず**全体構造**を見よう。中心となるキーワードは、「モダニズム」と「ポストモダニズム」。この二つの**対比**が文章をつくっている。

◆全体は六段落からなる。第一・二段落はモダニズムについて、第三段落はポストモダニズムのあり方。第四〜六段落は日本におけるモダニズムとポストモダニズムの問題で、第四段落は日本のモダニズムの興り方、第五段落はモダニズムとポストモダニズムの対立点、第六段落は現在の日本の問題点をそれぞれ述べている。

◆本文の**主旨**としては第六段落の内容が考えられる。日本においてもモダニズムからポストモダニズムへの移行が必要であるのに、だれもそのことを本気で考えようとしない。そのことへの危機意識と警鐘が本文で筆者の言いたかったことである。

解説

(1) 先述のポイントで説明したような視点で文章を読むと、モダニズムとは人間中心、科学万能(科学を用いるのは人間だけ)の考え方であるのに対して、ポストモダニズムでは人間も宇宙の一生命体にすぎないことを謙虚に反省するとあり、絶対的だった人間の地位が相対化されていることがわかる。ここで答えは自然と人間の関係を書いたところを探せばよいとわかるので、第五段落中の「共生」と「循環」が文脈上からも自然と人間の関係を示すことがわかるだろう。このように中心が一つ、真理は一つ、正解は一つ、というのがモダニズムなのに対し、中心はいくつかある、真理は一つとは限らない、正解などというものは存在しない――という「脱中心」または「脱構築」的な考え方がポストモダニズムの特徴である。

(2) 八十字と字数が多いと苦手意識を持つ人も多いが、基本を踏まえて書いていくことを意識しよう。「この文明」とは「モダニズム」のことであるため、モダニズム文明についての説明をまとめる。指定字数の八十字の中で前半と後半に分け、モダニズムのよいことと悪いことを両方書くとよい。ただし、この本文ではモダニズムはもう限界だと述べられていることに注意すること。

参考として、現代を読むキーワードをいくつか挙げておく。調べてみよう。

・構造主義　・記号論　・パラダイム　・エントロピー
・マルチメディア　・リストラクチャリング(リストラ)
・バーチャルリアリティ(仮想現実)　・エコロジー
・ロゴス中心主義

要約

モダニズムの思想によって近代文明は発達し、人間は便利で豊かな社会を築き上げたが、今やこの原理では人類はやっていけなくなった。ポストモダニズムの思想はこのような状況において求められ、その思想はモダニズムの正反対であらねばならず、「共生」と「循環」がその原理にならねばならない。モダニズムの理念からはよいことであっても、生命の共生を不可能にし、自然の循環を止めるような開発はやめ、別の方法を考えるべきである。このようなモダニズムか、ポストモダニズムかという議論が日本で起こらないところをみると、日本においてはモダニズムが疑われていないことは明らかで、この文明の方向を変えようとしているようには思われない。

13 要約 ……28・29ページ

(1) 例 文化・宗教・価値観

(2) 例 地球上の様々な個別性を認めつつ、それを乗り越えて人類の共通性を追求してこそ真のグローバリゼーションが成り立つのだということ。

ポイント

◆真の意味での「グローバリゼーション」について、筆者は考察している。

◆地球上には言語をはじめとしてさまざまな違いがある。その個別性を踏まえたうえで、いかにして人間の共通性を追求することができるか。この課題についてしっかり読み取ること。

◆(1)は、「様々な凹凸」という比喩に着目して事例を考える。

◆「異」と「和」とは、「個別性」と「共通性」である。(2)を解く際には、この対比をしっかりつかみ、本文で述べられている内容を筆者の主張をおさえながらまとめるとよい。

解説

(1) 本文では「言語」の違いが例として挙げられている。この例を踏まえ、地球上に存在するさまざまな違いについて考えてみるとよい。

(2) 「異」と「和」の内容を踏まえ、「球」を成立させるという表現の真意にも留意しつつ記述すること。真の「グローバリゼーション」へ向けてどのようにすることが必要なのか。その考え方をまとめる。出典名の「球体のダイナミズム」にも一つのヒントがある。

要約

地球規模の視点や全球化といったものの芯にあるのは、地球上に住む人々の、それぞれの違いの認識である。その個別性を乗り越えて、いかに共通の意識を持ち得るか、ということがグローバリゼーションの課題である。人類の共通化を重視するのであれば、それと同じくらい、個別性も自覚される必要がある。

14 描写を読む① ……30・31ページ

(1) エ
(2) ウ

ポイント

◆本文では、宗助が悟りを開き、不安な気持ちが落ち着くことを**門をあける**（通る）と表現している。

◆宗助は「自分の分別をたよりに生きてきた」が、それでは門を「実地にあける力は、少しも養成することができなかった」ことに思い至った。問題を解決することができず、かといって問題から逃げることもできない運命を前に、どうしようもない宗助の様子が描かれている。

◆(1)は、宗助の性質について問うている。(2)は、宗助は不安な気持ちを落ち着けることができたのかを問うている。

◆**門をあける**（通る）とはどういうことかを明らかにすること、宗助は自分のことをどのように評しているのかということ、結局、宗助は不安な気持ちを落ち着けることができたのかということ、それぞれのポイントをおさえるとよい。

解説

(1)「分別」とは理性で物事の善悪をわきまえること。宗助は今までは理性（理屈）で問題を解決してきたのである。ここでは「今は」と言っている。また「たたった」と言っていることから考える。「たたる」とは「罰をあたえる」ということ。

(2) 直前の「要するに」に注目。二行前から「彼は後を顧みた」「彼は前をながめた」、また「通る人」「通らないですむ人」とあるから、進むか退くか二つの道があることがわかる。**ア・イ・エ**はいずれも開けることだけをいっている。

15 描写を読む② ……32・33ページ

(1) イ
(2) ウ

ポイント

◆祖母が、自分の子どもである「父」や、その子である自分に対してどのような教えをしていたのかがわかる**描写**をおさえる。端的にまとめられているのは冒頭の「いつだって、どのような時だって、女、優先」であり、**描写**を追っていくとそれが徹底していたことがわかる。

◆「レディに対して心がこもってない」という祖母の発言にも着目する。

◆後半は、そんな祖母に育てられた「父」が、どのような生活を送っていたのかが描かれている。家では殿様のように振る舞う「父」ではあるが、祖母には反発しながらも歯向かうことができないということを読み取る。

解説

(1)「これ見よがし」とは、これを見ろと言わんばかりに得意そうに見せつける様子のこと。つまり、相手にどう映るかを意識して行動することである。父は、祖母に「いつだって、どのような時だって、女、優先」と教えられてきた反動からか、家では殿様のように振る舞い、母を自分の家来であるかのように扱っていた。そんな父であるが、祖母に対しては歯向かうことができず、祖母の前では紳士の

(2)
ような振る舞いをするのだが、日頃は殿様のように振る舞っているため家族の視線が気になり、本意でやっているのではないというような態度をとるのである。それが目に見えてわかるとき、祖母は父の手の甲を叩き、「レディに対して心がこもってない」と叱った。

「手ごめ」とは、相手を思うままにすること。祖母のことを「父が唯一かなわない人」や「知っているどの大人のものとも違って」と述べているのが手がかりとなる。自分たち(志郎と妹)は、父が祖母には歯向かうことができないということを知っているので、父が横暴な態度をとるときは、祖母に助けを請うたのである。

16 心情を読む ①

34・35ページ

(1) エ
(2) ア

ポイント

◆「私」が老爺にどのような印象を抱いて、どう感じているかを読み取る。老人は「外套も着ていなかった……精いっぱいであるらしかった」と**描写**され、飢えて弱っており、必死で食事を求めていることがわかる。
◆それに対して、「私」も「一食ずつしか食べていない」状態であり、老人の願いを聞いてやるわけにはいかない状況である。老人の苦しみはわかるけれども、どうすることもできない。「ある苦痛をしのびながら」「これ以上自分を苦しめて呉れるな」という表現からは、「私」の苦しい気持ちが読み取れる。
◆「私」が食堂で「変な臭いのする魚の煮付と芋まじりの少量の飯」を食べているとき、「心を去来」しているのは、「毎日白い御飯を腹いっぱいに詰め、鶏にまで白米をやる下宿のあるじ」や「闇売りでずいぶん儲けた……裏の吉田さん」といった周囲の人々のことである。
◆「私」は周囲の人たちの状況から自分を顧みて、朝から食物のことばかり考えてこそ泥のようなまねをしている自身に、「一体どんなおそろしい結末が待っているのか」と未来に失望しているのである。
◆老爺に対して、「私」が「苦痛」を感じていることや「苦しめて呉れるな」と懇願したくなる気持ちを読み取る。「私」のひもじさと現状を**描写**からつかみ、「私」の抱える不安を読み取る。

解説

(1) 傍線部①「自分でもおどろくほど邪険な口調で、老爺にこたえていた」以前の部分で、「私」と老爺のやりとりや、「私」の老爺に対する気持ちが描写されている。老爺は飢えており食事を乞う。自分も苦しく、老爺の要求に応じられない「私」は、そのことを「苦痛」に思っている。さらに食事をねだる老爺に、「私」は「これ以上自分を苦しめて呉れるな」と苦痛を強く感じ、ついに老爺から逃れようとするのである。
(2) 傍線部②「それを考えるだけで私は身ぶるいした」について、「それ」とは自分を取り囲む「たくさんの構図」から浮かび上がる、自分の「こそ泥のよう」に食物を得る姿である。そのような生活をしていて、この先どうなるのかという恐れを感じている。

17 心情を読む ②

36・37ページ

(1) 例 妻は夫に従属すべきだという考え（15字）
(2) A **エ**　B **ウ**　C **イ**
(3) D **イ**　E **ウ**　F **ア**
(4) 円い輪の上

ポイント

◆基本的にこの夫婦の夫婦観、または男女観が異なるのがよくわかると思う。夫は男として女を見下していて、妻はそれに対してそんなことは理不尽だと感じている。明治時代の男性である夏目漱石は、進んだ見方をしていたと言える。今でも、昔風夫婦観を潜在的にもつ男女は少なくない。

◆本文の前半で二人が対立している内容が描かれている。「二人が衝突する大根はここにあった」とまとめているから、その直前に、衝突の「大根」（＝根本的な原因）が述べられているとわかる。それは、「妻は夫に従属すべきものだ」という考えだ。夫はそういう考えをもち、妻はそれを疑問に感じている。

◆妻の気持ちはその前の「　」の中に書かれている。妻が夫を尊敬しなくてはならないのなら、夫は尊敬できるだけの中身をもて、そうでなくては尊敬などできないというのが妻の考え。

◆夫は馬鹿だから馬鹿にするのだと思っており、尊敬されたければそれだけの人格を拵えろと思っている。しかし、作者漱石は夫に対して、「自分は自分の為に生きて行かなければならないという主義を実現したがりながら、夫の為にのみ存在する妻を最初から仮定して憚からなかった」と書いている。

◆漱石は夫のわがまま、ずるさを指摘している。ここまでわかれば問いも解きやすくなる。

解説

(1) 先述のポイントで説明されていることを判断の根拠にする。

(2) これは語彙や語感の問題。A は直前に「彼女は考えなかった」とあるのに注目。つまり、**ア**でも**イ**でも**ウ**でもない。C は、学問をすると偏見がなくなるはずなのに、かえって「昔風の倫理観」にしばられる。つまり、「旧式」がふさわしい。

(3) まず、F だけが妻の心の中のせりふだということに気づくこと。妻のせりふとしては、**ア**しかない。あとは、D より E のほうがはげしいというのだから、D が**イ**、E が**ウ**となる。理詰めで解くことができる。

(4) この表現はいかにも漱石的だ。この二人の対立は結局「円い輪の上をぐるぐる廻って歩いた」、つまり、表面上はつくろっても、いつまでたっても解決しなかったということ。だからここには、「円い輪の上」が入る。

18 心情を読む ③ …………… 38・39ページ

(1) イ
(2) ア
(3) エ

ポイント

◆本文の前半では、室生は「はじめて腹を立てて呶鳴った」と書いてあるが、後半ではいろいろなぐさめている。全体的に、室生は立原のことが気に入っていて、たいへん気づかい、かわいがっていることがわかる。

◆(1)は、「私の怒りが本物である」ことをポイントにして考えるとよい。

(2)の傍線部②は、実に詩的な言い方である。もう僕にはそんなに詩は書けない。詩がどんどんわいてくるような時期は去り、「美しい宝舟」(=詩)は、もう僕という港には繋がれていない(=どこかへ去ってしまった)ということを言っている。室生犀星のような抒情詩人にとっては、詩はまさに青春の産物だったのだろう。ここも傍線部②の直後をよく読むと答えが絞れる。

◆(3)は、「胡麻化し」とは何をごまかしたのかと聞いている。今、どなられてすっかりしょげてしまっている相手をなぐさめるのに、自分の弱点をさらけだしている室生は、どんな気持ちで、それをなぜごまかさねばならないかを考えよう。

解説

(1) この怒りは、すでに文学の大家である室生が、〝詩は、そうやすやすとストックしておけるほどお気軽なものではない。もっと必死でやるのが文学だということがわからんのか〟という気持ちで言ったものだ。右から左へと大量生産するような流行作家と一緒にするなと怒ったのであろう。

(2) 室生の顔色から立原は自分がうかつなことを言ってしまったとわかった。しまった、なんてことを言ったんだろうとしょげてしまう。やりすぎたと思った室生は「一行でも書くと売るという厄介な仕事」をしているのが自分だと卑下《ひげ》して、立原を傷つけまいとする。したがって「自嘲」がふさわしい。

(3) なぐさめるときに、私は自分を卑下してまでおまえをなぐさめてやっているといったような態度ではなぐさめにならない。つまり、室生は自分が立原をいたわっていることを隠そうと思ったのだ。細やかな心遣いである。したがって**エ**が正しい。

「胡麻化して」とはいったものの、傍線部②から③にかけての室生のことばは半分以上本音だったのだろう。だからこそ、若くて次々に詩を書きためていくことができる立原の、ストックはないかということばに腹が立ったのだと思われる。当然、筆者である室生は自分のそうした心理まで見抜いていて、自分の行動や心理をこの作品の中に書き込んでいる。

19 心境の説明 ……………… 40・41ページ

(1) 例いつまでも日本に未練を感じながらアメリカ人のデイビッドといいかげんにつきあっているのをアメリカかぶれと激しく非難されたから。

(2) 例泣きそうになるのだが、お姉ちゃんがおかしいのであり、自分は断固間違っていないと思っている。

ポイント

◆いつまでも未練たらしく昔の写真を飾りながら、そのくせアメリカ人のデイビッドといいかげんにつきあう姉。その「アメリカかぶれ」ぶりに対し、「お姉ちゃんなんて、アメリカかぶれのばばぁたちといっしょさ」と大介は言っている。

◆姉は自分の「アメリカかぶれ」ぶりを大介からストレートに批判され、激しく怒る。

◆ほっぺたを姉にたたかれて「僕(＝大介)」は泣きそうになるが、泣かなかった。なぜなら「僕」は、デイビッドに対する姉の態度を批判したことを正しいと思っているからである。

解説

(1) 「お姉ちゃんなんて、アメリカかぶれのばばぁたちといっしょさ」という大介のことばをヒントにして考える。

(2) 「僕」は泣きそうになったが、泣かなかった。その理由は、自分は間違っていないと思っているからである。このことを踏まえてまとめる。

20 論理① ……………… 42・43ページ

(1) 例アメリカ記述言語学では、言語は文字が無くても存在できるため、音声言語こそが真の言語であるとしている。

例筆者は日本語の特徴を、音声と同時に漢字表記を頭に思い浮かべるので、同音異義語が存在できるとしている。

(2) イ

ポイント

◆「アメリカ先住民たちの言語の研究」において、アメリカ記述言語学者が音声言語の重要性を認識した点をおさえる。

◆「アメリカ先住民たちの言語の研究に立ち向かった、アメリカの言語学者たち」は、文字と音声の区別を曖昧にしているヨーロッパの言語学者たちを痛烈に批判し、「文字は音声言語の不完全な影のようなものに過ぎないのだ」と認識した。

◆筆者は、「どんな文字で表記」しても「言語そのものは変化しない」という定義について、「日本語には当てはまらない」と考えている。語注を参照。

◆日本語に「彗星」「水星」のような**同音異義語**が多いこと、それらはなくなるどころか「新しく作られ」ている。その理由を考えた。

◆ヨーロッパでは、**同音異義語**は「同じような文脈や場面で使われ意味が混同される恐れがある場合」には、「必ずどちらか一方の語が使われなく」なる。ヨーロッパ語では、意味が無関係であれば同音語が存在できるのである。

◆日本語で同音異義語が新しく作られている理由について、筆者は

「ある語を聞いたとき」に「漢字表記を頭に思い浮かべるため」だと考えた。

◆音を聞いて漢字表記を思い浮かべるという、筆者の指摘する日本語の**特徴**を読み取る。

解説

(1) 傍線部の直前に、アメリカ記述言語学では言語について、「音声言語こそが真の言語」と考えていることが述べられている。一方、筆者は、日本語について同音異義語の例を出して、言語を聞くと同時に漢字表記を思い浮かべるという特徴があることを指摘している。

(2) 本文では、「どんな文字で表記」しても「言語そのものは変化しない」という定義(語注1参照)が、日本語に当てはまらない理由が述べられている。また、ヨーロッパの言語における同音異義語について、意味が混同される場合には同音異義語が回避されるが、意味が無関係である場合には同音異義語が存在できることを指摘している。

要約

アメリカ先住民たちの言語の研究から、アメリカ記述言語学者は、文字と音声の区別を曖昧にしているヨーロッパの言語学者たちの姿勢を批判し、「音声言語こそが真の言語」と指摘した。ヨーロッパ語と違い、日本語では混同されやすい同音異義語がある理由については、音声を聞くと同時に漢字表記を思い浮かべるという日本人の特徴を挙げている。

21 論理② …… 44・45ページ

(1) **オ**
(2) 消費社会

ポイント

◆「消耗のリズム(u)」と「購買のリズム(a)」との**対比**(ロラン・バルト『モードの体系』)。
◆モードの論理が消費社会を駆動する。
◆モードに固有の自己否定(「新たなデザイン」と「過去のデザイン」との**対比**)→モードの支配。
◆このように、評論文ではふたつのものの対比(**二項対立**)で展開する文章が多く見られる。

解説

(1) 「自己否定」とは何が何を否定することなのか。傍線部①直後の「モードは、きのうは『みごとにデザインされたライン』であったものを、平気で『折れ目と裂け目』呼ばわりする。モードは『今年のテーラード・スーツは、若々しく、しなやかなものになるでしょう』というのだが、してみると去年のスーツは『年寄りじみて、堅かった』のだろうか?」という引用部分から読み取る。

(2) 第三段落に「このようなモデル・チェンジと(モードの論理)が、消費社会を駆動するメカニズムである」とある。

要約

モードは、「消耗のリズム」「購買のリズム」という二つのリズムの関係として定義できる。「GMの勝利」とは、自動車をデザインと広告とモードの商品にしたことにある。これは、モデル・チェンジによって消費を促進し、経済的な繁栄をし続ける戦略であった。同一のデザインを肯定または否定する広告の声、自己否定を通して、モードは消費社会を支配する。

22 詩の解釈と鑑賞 ……46・47ページ

(1) **ウ**
(2) (i) **オ** (ii) ③

ポイント

◆雨が、新幹線と後先になりながら降る様子を、作者は雨との追いかけっこととらえている。初めの二行と終わりの三行に**作者の思い**が歌われている。

◆岡山から大阪までの地図を思い浮かべて、新幹線と雨の追いかけっこを想像しながら読んでみよう。

解説

(1) 作者は岡山から姫路を通り、大阪・大手町まで移動した。これは横の動きである。すると、作者と追いつ追われつしながら、雨も同じように岡山から大阪・大手町まで移動してきたのである。作者の移動は「横」、だから雨も「横」に動いたということ。作者はそれを「横に走る」と表現したのである。「雨は私と平行だった」が決め手となる。

(2) (i)「追って来て」は、人や動物の動作を表す場合に使う。ここでは私のことを「雨は追って来て」と言っているので、雨を人にたとえる擬人法が使われている。(ii)傍線部④の「銀色のスカートで」は、雨が降っている様子をスカートにたとえて描写しており、隠喩が使われている。

23 短歌の解釈と鑑賞 ……48・49ページ

(1) **ア** (2) **ア**
(3) **ア** (4) **ウ**

ポイント

◆今回の問題を解くためのポイントはすべて本文の中にあるので、本文を丁寧に読むこと。短歌や俳句の問題は七～八割がこのような問題である。

◆(2)は、[A]の直後の「散らない桜は桜ではなかった」について考える。極端な言い方であることをおさえる。

◆(3)はそれぞれの空欄の直後を見る。[B]について「さまざまな趣」と述べ、「『[C]』の中にすべてがある」という。七首の和歌に共通してうたわれていることは何か。桜は本文全体ですでに「**話題**」として登場している。

◆(4)は傍線部②の直後から最後までの本文にそのまま答えが書いてある。「どのような願望」が込められているかを答える。

解説

(1)・(2) ことば(語彙)の問題。こういう問題はたくさんあたって知識を増やそう。また、現代語の基礎単語(キーワード)集のようなものも数多く出版されているので、一冊手もとにおくとよい。

(3) 本文全体の主旨を考えると、西行の桜の歌について(話題)、彼の桜はすべて散る桜だった(主旨)となるから、やはりここでも七首の歌は、七つの散り方を述べた「例」であり、その例をつらぬく見方とは、「散る」に着眼することだということがわかる。

(4) 短歌が含まれた文章の問題は、たとえ短歌そのものが問いでなくても、短歌を理解できていないと解けないことが多い。逆に、短歌だけではわからないことが、説明の部分を読むと理解できる。短歌を中心に、それを文章でどのように解説しているか、的を絞って本文を読むと解きやすくなる。

24 俳句の解釈と鑑賞 …… 50・51ページ

(1) 一心にものに案じ入ること
(2) オ
(3) エ
(4) 例 才走ったところがなく、いい意味の愚鈍さがあり、案じ入って作った鈍重な風格がある。(40字)

ポイント

◆「じっと案じ入る」ことが**俳句**にとって重要であることをつかむ。

◆去来…愚鈍らしいところがみえる。
むしろいい意味の愚鈍でいやに才走ったところは少しもない。
↓
「鈍重の趣」がある。

◆近代の人の句には「鈍重の趣」が足りない。じっと案じ入ることの修業が不足している。

◆去来の句の鑑賞。句意は明白で、「ただ事実をありのままに言ったもの」ととれるが、よくみると「じっと案じ入った心のあと」を強く感じることができる。

◆鑑賞文から、俳句をどのように読み、評価しているかを読み取る。

解説

(1) 傍線部①「句作」について、第二段落で俳句は「当意即妙」でできるものではなく、「一心にものに案じ入ることによってできる」ものであると述べられている。

(2) 傍線部②「じっと眺め入ること」の「じっと」は物を眺め入ることを修飾している副詞であり、集中して「眺め入る」ことを表している。したがって、そのような集中力が発揮されているものは、**オ**の「じっと考える」である。

(3) この「頓知」は、「一心にものに案じ入る」ことと反対の意味で使われている。**ア**「機才」は、頭のはたらきが素早いことを表す言葉。**イ**「才覚」は「機知」「機転」などと似た意味の言葉で、知恵のはたらきがあることを表す言葉。**ウ**「機知」は「才覚」と意味が似ており、臨機応変に知恵がはたらくことを表す。**オ**「即知」は「頓知」や「機知」と意味が同じ言葉である。**エ**の「英知」は、深く優れた知恵のことをいう。

(4) 傍線部④「この人の俳句」の「この人」は、去来のことである。筆者は去来の俳句について、「いい意味の愚鈍」であり「才走ったところ」がなく、「鈍重な風格」があると評価している。

要約

俳句を作るとき、当意即妙の頓知などで作るのではなく、案じ入って作ることが大切である。去来の俳句はそのような頓知がなく、いい意味で愚鈍で鈍重な風格がある。この趣は、近代の人の句に欠けているものだ。去来の句からは、じっと案じ入った心のあとが感じられる。

25 思想の本質 ……52・53ページ

(1) 例 単にその書物の中のことばの理解にとどまらず、その思想家の物の見方や考え方の核心をつかみ、それを自分のものとして生かせるようになること。

(2) 例 思想の核心をつかんでいればあとはそれを応用するのみで、全著作を読む必要はないと考えるからである。また、このような読み方は独断に陥る危険も潜んでいるが、ことばにとらわれてその本質を見失うべきではないと筆者は考えている。

ポイント

◆すぐれた思想家の思想は、その奥にある見方・考え方の核心を体得して初めて理解できる。

解説

(1) 本文冒頭の「偉大な思想家の思想といふものは、自分の考へが進むに従って異なって現れて来る」という部分や、傍線部①の少しあとの「偉大な思想家の書を読むには、その人の骨といふ様なものを掴まねばならない。…」という部分。また、第二段落一文目の「物の見方考へ方」という表現。それぞれをしっかり確認し、まとめること。

(2) 理由と考え方については傍線部②の前後にしっかりと述べられている。「ことば」と「本質」のどちらを重んじるかといえば、筆者は思想の「本質」を重視している。これも解答に盛り込みたい。

要約

偉大な思想家の思想は、自分の考えが進むに従って異なって表れ、それに教えられるようになるものだ。書物を読むということは、自分の思想が著者の物の見方や考え方にまで到達したとき、はじめて理解できるようになる。かといって、その著者の物の見方や考え方がわかってくることで、それほどくわしく本を読まなくてもこういう問題は彼はこう考えるだろうというように予想して読むことは、真にその思想家の骨髄に達していない限りは主観的な独断的な解釈に陥ることを免れない。読書とは、「精密」であり、かつ、「粗笨」であるものだ。

26 現代の課題 …… 54・55ページ

(1) 現実的な観察とそれに基づく考察
(2) 例「予測できない未来」を経験したときの対応を帰納的に検証し、必要とされる資質や能力を具体的に理解する。

ポイント

◆過去の「予測できない未来」にどのように対応してきたか。必要な資質や能力は何だったのか。そのような問題に「現実的な観察とそれに基づく考察」を通じて考えれば、「不可知論」や「循環論」に陥らない政策議論ができると筆者は考えている。

◆不確実性の罠に陥らないためにどのように「主体的に」対応してきたかなどを考えることで、より現実的な観察や考察ができる。

◆「**主体性**」育成の議論は、「未来志向の不確実性の罠」にはまり、混迷に陥る。その罠から逃れるためには、過去の経験について徹底した「帰納的検証」を行うことである。そこから、予測もできない問題に立ち向かうときに問われる資質や能力、組織のあり方を具体的に理解することができる。

◆「帰納型思考」が「不確実性の罠に陥らないため」にどのように役立つかや、過去の「予測できない未来」への対応を知ることで、そのような問題が起こったときに必要な資質や能力などが読み取れることを理解する。そのうえで、筆者が「**主体性**」を発揮するためにどうしたらよいと考えているかを読み取る。

解説

(1)「帰納型思考」を通じて考えることは、「不可知論や循環論に陥らない政策議論」に役立つ。それは、「不確実性の罠に陥らない」ことでもある。コロナウイルスの感染拡大という「現在進行中の事態」がもたらした不確実性と、それにどのように対応したかを考えることは、「不確実性の罠を見破っていく」ために役立つことである。そのような「不確実性について、より現実的な観察とそれに基づく考察」をすることが、「不確実性の罠に陥らない」ために重要であるということをおさえる。

(2)「不確実な未来にどのように対応できていたのか、できていなかったのかを調べる」ためには、「帰納型思考」による検証が必要である。最終段落にまとめられているように、そのような検証によって明らかになった、問題があったときに「問われる資質や能力」といったものを具体的に理解することが、「主体性」を発揮するためには不可欠であるという点を読み取る。

要約

過去に起こった「予測できない未来」について、帰納的に検証することは不確実性の罠に陥らないためには重要である。過去の「予測できない未来」への対応を考えることで、どのような資質や能力が必要かといったことを具体的に理解できるはずである。